KLASSIKER
DR. OETKER
VERLAG
SEIT 1891

SUPPEN & EINTÖPFE VON A–Z

DIE DR. OETKER GELING-GARANTIE

UNSER VERSPRECHEN

Liebe Leserin, lieber Leser,

mit den Rezepten in unseren Koch- und Backbüchern möchten wir Sie und Ihre Lieben glücklich machen. Zum Glück braucht es den Erfolg, und den kaufen Sie mit jedem Dr. Oetker Buch gleich mit.

Dafür gibt es die *Dr. Oetker Geling-Garantie*.
Sie ist unser Versprechen, dass alle Rezepte aus diesem Buch ganz einfach und sicher gelingen. Die Geling-Garantie startet schon bei der Zutatenliste: Alle Zutaten, die wir verwenden, sollten Sie leicht in Ihrem Supermarkt vor Ort einkaufen können. Jeder Zubereitungs Schritt ist klar und einfach nachvollziehbar.

Eine Garantie können wir Ihnen aber auch deshalb mit gutem Gewissen geben, weil alle Rezepte dieses Buches von unserem erfahrenen Team entwickelt wurden. Anschließend haben wir jedes Gericht in einer ganz normalen Küche nachgekocht oder nachgebacken. Immer wieder. So lange, bis wir uns sicher waren, dass es gelingt. Und zwar auch bei Ihnen zu Hause.

Was wir versprechen, halten wir auch. Sollte beim Kochen oder Backen eines unserer Rezepte dennoch etwas danebengehen oder es Ihnen einfach nicht schmecken, dann lassen Sie es uns wissen. Schreiben Sie oder rufen Sie uns an! Wir werden das Rezept nochmals kritisch prüfen und Ihnen helfen herauszufinden, woran es gelegen haben könnte. Sie erreichen uns unter der Telefonnummer +49(0)89/5482515-0.
Oder schreiben Sie uns eine E-Mail unter:
redaktion-oetker@zsverlag.de

Natürlich freuen wir uns aber auch über weitere Rückmeldungen und auch über Lob.
Ihre Ideen, Kommentare und Fragen können Sie jederzeit auch über Facebook posten:
www.facebook.com/Dr.OetkerVerlag.
Wir sind für Sie da. Garantiert.

Mit herzlichen Grüßen
Ihre Dr. Oetker Redaktion

ALLGEMEINE HINWEISE ZU DEN REZEPTEN

UNSER TIPP

Lesen Sie vor der Zubereitung – besser noch vor dem Einkauf – das Rezept einfach einmal vollständig durch. Aus dem Zusammenhang werden die Zubereitungs-Schritte deutlicher.

PORTIONSANGABEN

Die Anzahl der Portionen finden Sie in jedem Rezept ausgewiesen.

ARBEITSSCHRITTE

Die Zutaten sind in der Reihenfolge ihrer Verarbeitung aufgeführt. Jeder Arbeitsschritt ist einzeln hervorgehoben und extra nummeriert. So haben wir die Rezepte für Sie auch entwickelt und ausprobiert.

ZUBEREITUNGSZEIT UND GARZEIT

Die angegebene Zubereitungszeit schließt die Dauer der Vorbereitung und die eigentliche Zubereitung mit ein. Sie ist ein Anhaltswert und kann je nach individuellem Geschick oder Übung natürlich ein wenig variieren. Längere Wartezeiten wie zum Beispiel Kühl- oder Abkühlzeiten oder auch Auftauzeit sind in der Regel nicht in der Zubereitungszeit enthalten. Einzige Ausnahme: In dieser Zeit sind parallel andere Arbeitsschritte zu tun. Die Garzeiten sind extra ausgewiesen. Bei einigen Rezepten setzt sich die Gesamt-Garzeit aus mehreren Teil-Garzeiten zusammen.

BACKOFENEINSTELLUNG UND GARZEITEN

Die in den Rezepten angegebenen Backofentemperaturen und Garzeiten sind Richtwerte, die je nach individueller Hitzeleistung Ihres Backofens über- oder unterschritten werden können. Prüfen Sie nach Beendigung der angegebenen Garzeit, ob das Gericht gar ist.
Die Temperaturangaben in diesem Buch beziehen sich auf Elektrobacköfen. Die Temperatur-Einstellungsmöglichkeiten für Gasbacköfen variieren je nach Hersteller, sodass wir keine allgemeingültigen Angaben machen können. Bitte beachten Sie deshalb bei der Einstellung des Backofens die Gebrauchsanleitung des Herstellers. Ein Backofenthermometer eignet sich dabei gut, um die Backofentemperatur im Blick zu haben.

EINSCHUBHÖHE

In den Rezepten in diesem Buch ist die Einschubhöhe immer dann die Mitte des Backofens, wenn nichts anderes angegeben ist.

HINWEISE ZU DEN NÄHRWERTEN

Bei den Nährwertangaben in den Rezepten handelt es sich um auf- bzw. abgerundete ganze Werte. Aufgrund von ständigen Rohstoffschwankungen und/oder Rezepturveränderungen bei Lebensmitteln kann es zu Abweichungen kommen. Die Nährwertangaben dienen daher lediglich Ihrer Orientierung und eignen sich nur bedingt für die Berechnung eines Diätplans.

ABKÜRZUNGEN UND SYMBOLE

EL	Esslöffel
TL	Teelöffel
Msp.	Messerspitze
Pck.	Packung/Päckchen
g	Gramm
kg	Kilogramm
ml	Milliliter
l	Liter
evtl.	eventuell
geh.	gehäuft
gestr.	gestrichen
gem.	gemahlen
ger.	gerieben
TK	Tiefkühlprodukt
°C	Grad Celsius

Kalorien-/Nährwertangaben

E	Eiweiß
F	Fett
Kh	Kohlenhydrate
kcal	Kilokalorie

Symbole

◷	Zubereitungs-/Garzeit
✚	Vegetarisch/Vegan
▲	Mit Alkohol

AFRIKANISCHER EINTOPF MIT KOCHBANANE

Zubereitungszeit: 30 Minuten
Garzeit: etwa 25 Minuten
+ Vegan

ZUTATEN FÜR 4 PORTIONEN

300 g rote Zwiebeln
400 g Süßkartoffeln
500 g Kochbananen
300 g Tomaten
2 EL Erdnussöl

500 ml heiße, vegane Gemüsebrühe
400 ml passierte Tomaten (aus der Dose)
450 ml Kokosmilch (aus Dosen)
Salz
1–2 gestr. EL Berbere
(afrikanische Gewürzmischung)
1 Bio-Limette (unbehandelt, ungewachst)
2–3 Stängel Koriander

PRO PORTION:

E: 7 g, F: 26 g, Kh: 55 g, kcal: 491

1. Zwiebeln abziehen und grob würfeln. Die Süßkartoffeln schälen, abspülen, abtropfen lassen und ebenfalls in grobe Würfel schneiden. Kochbananen schälen und in etwa 1 cm dicke Scheiben schneiden. Tomaten abspülen, abtropfen lassen, halbieren und die Stängelansätze herausschneiden. Tomatenhälften grob würfeln.

2. Das Öl in einem Topf erhitzen. Zwiebelwürfel darin andünsten. Süßkartoffelwürfel hinzugeben und 2–3 Minuten mitdünsten. Bananenscheiben und Tomatenwürfel hinzugeben und kurz mitdünsten.

3. Gemüsebrühe, passierte Tomaten und Kokosmilch hinzugießen, mit Salz und Berbere würzen. Den Eintopf zum Kochen bringen und zugedeckt bei schwacher Hitze etwa 25 Minuten köcheln lassen, dabei gelegentlich umrühren.

4. In der Zwischenzeit die Limette heiß abwaschen, abtrocknen und die Schale abreiben. Limette halbieren und den Saft auspressen. Koriander abspülen, trocken tupfen und evtl. die Blättchen von den Stängeln zupfen.

5. Den afrikanischen Eintopf mit Salz, Limettenschale und -saft abschmecken. Zum Servieren den Eintopf mit Koriander garnieren.

TIPPS:

Berbere ist eine äthiopische, scharfe Gewürzmischung, die aus Chili, Ingwer, Knoblauch, Piment, Gewürznelke und Koriander hergestellt wird. Variiert wird je nach Vorliebe mit Kurkuma, Kardamom, Paprika usw.
Sie bekommen das Gewürz in gut sortierten Feinkostgeschäften und über das Internet.
Dosieren Sie es zunächst vorsichtig, damit der Eintopf nicht zu scharf wird.

AJVAR-ZUCCHINI-TOPF

Zubereitungszeit: 30 Minuten
Garzeit: etwa 20 Minuten
+ Vegetarisch

ZUTATEN FÜR 4 PORTIONEN

2 rote Zwiebeln
2 Knoblauchzehen
2 gelbe Zucchini (etwa 400 g)
2 grüne Zucchini (etwa 400 g)
4 EL Olivenöl
Salz
gem. Pfeffer
½ Glas Ajvar
(150 g, Paprikamus)
1 ½ l Gemüsebrühe

1 Bund glatte Petersilie

PRO PORTION:

E: 5 g, F: 13 g, Kh: 9 g, kcal: 171

1. Zwiebeln und Knoblauch abziehen. Zwiebeln in grobe Würfel schneiden. Den Knoblauch in Scheiben schneiden. Die Zucchini waschen, abtrocknen und die Enden abschneiden. Zucchini in Scheiben schneiden.

2. Das Olivenöl in einem Topf erhitzen. Die Zwiebelwürfel und Knoblauchscheiben darin andünsten. Zucchinischeiben hinzugeben und portionsweise andünsten. Mit Salz und Pfeffer würzen. Ajvar unterrühren und Gemüsebrühe hinzugießen. Den Eintopf zum Kochen bringen und etwa 20 Minuten bei schwacher Hitze kochen lassen. Den Eintopf nochmals mit den Gewürzen abschmecken.

3. Petersilie abspülen und trocken tupfen. Die Blättchen von den Stängeln zupfen und in Streifen schneiden. Den Eintopf mit Petersilienstreifen bestreuen.

BEILAGE:

Geröstetes Fladenbrot.

AMERICAN CORNSOUP (MAISCREMESUPPE)

Zubereitungszeit: 25 Minuten
Garzeit: 10–12 Minuten
+ Vegetarisch

ZUTATEN FÜR 4 PORTIONEN

2 mittelgroße Zwiebeln
2 rote Paprikaschoten
570 g abgetropfter Gemüsemais (aus Dosen)
2 EL Butter oder Margarine
2 TL Weizenmehl
500 ml Gemüsebrühe
500 g Schlagsahne
Salz, gem. Pfeffer
Currypulver

PRO PORTION:

E: 9 g, F: 49 g, Kh: 31 g, kcal: 621

1. Zwiebeln abziehen und in kleine Würfel schneiden. Paprikaschoten halbieren, entstielen, entkernen und die weißen Scheidewände entfernen. Schotenhälften waschen, trocken tupfen und klein würfeln. Mais in einem Sieb abtropfen lassen.

2. Butter oder Margarine in einem Topf zerlassen. Die Zwiebel- und Paprikawürfel darin andünsten. Den Mais hinzugeben und kurz mitdünsten lassen. Das angedünstete Gemüse mit Mehl bestäuben und weitere etwa 2 Minuten unter gelegentlichem Rühren dünsten.

3. Gemüsebrühe und Sahne hinzugießen. Die Zutaten zum Kochen bringen und zugedeckt 8–10 Minuten bei schwacher Hitze kochen lassen. Die Maiscremesuppe mit Salz, Pfeffer und Curry abschmecken.

TIPPS:

Die Maiscremesuppe vor dem Servieren mit 2–3 Esslöffeln gehackten Cashewkernen, 2 Esslöffeln gehacktem Koriander oder gehackter Petersilie bestreuen.
Als nicht-vegetarische Einlage können Sie auch je 4 Esslöffel Flusskrebsfleisch oder Putenbruststreifen (Fertigprodukte aus dem Kühlregal) hinzufügen. Die Zutaten 2–3 Minuten vor Ende der Garzeit miterwärmen (siehe Foto).

ANDALUSISCHER GEMÜSETOPF

Zubereitungszeit: 35 Minuten
Garzeit: etwa 20 Minuten

ZUTATEN FÜR 4 PORTIONEN

2 rote Zwiebeln
1 Knoblauchzehe
2 Zucchini
300 g grüne Bohnen (Brechbohnen)
2 große Tomaten
2–3 EL Olivenöl
Salz
grob gem. schwarzer Pfeffer
4 Stängel Thymian
2 l Gemüsebrühe
8 Scheiben Chorizo (spanische Paprikawurst) oder 24 kleine Scheiben Frühstücksspeck
20 grüne Oliven
1–2 EL Olivenöl

PRO PORTION:

E: 10 g, F: 23 g, Kh: 9 g, kcal: 281

1. Zwiebeln abziehen, zuerst in Scheiben schneiden, dann in Ringe teilen. Knoblauch abziehen und durch eine Knoblauchpresse drücken.

2. Zucchini waschen, abtrocknen und die Enden abschneiden. Zucchini in grobe Würfel schneiden. Von den Bohnen die Enden abschneiden. Die Bohnen eventuell abfädeln, waschen, abtropfen lassen und halbieren. Die Tomaten waschen, trocken tupfen, vierteln und die Stängelansätze entfernen. Von den Tomatenvierteln die Kerne herausnehmen. Tomatenviertel grob würfeln und beiseitelegen.

3. Olivenöl in einem großen Topf erhitzen. Zwiebelringe und Knoblauch darin andünsten. Zucchiniwürfel, Bohnen und Tomatenkerne mit andünsten. Mit Salz und Pfeffer würzen. Thymian abspülen, trocken tupfen, zu dem angedünsteten Gemüse in den Topf geben.

4. Gemüsebrühe hinzugießen und zum Kochen bringen. Den Gemüsetopf zugedeckt etwa 20 Minuten bei mittlerer Hitze kochen lassen.

5. In der Zwischenzeit die Paprikawurst- oder Frühstücksspeckscheiben in einer Pfanne von beiden Seiten kross anbraten und herausnehmen.

6. Die beiseitegelegten Tomatenwürfel und die abgetropften Oliven in den Eintopf geben und miterhitzen. Den Eintopf mit Salz und Pfeffer abschmecken.

7. Den Eintopf mit grob gemahlenem Pfeffer, Olivenöl und den krossen Wurst- oder Speckscheiben anrichten.

APRIKOSEN-KALTSCHALE

◔ Zubereitungszeit: 30 Minuten, ohne Abkühlzeit
Garzeit: etwa 20 Minuten
+ Vegan
▲ Mit Alkohol

ZUTATEN FÜR 4 PORTIONEN

600 g Aprikosen
375 ml veganer Weißwein
375 ml Aprikosennektar
80 g Voll-Rohrzucker
1 Pck. Vanillin-Zucker
½ Stange Zimt, 30 g Sago
etwas Zitronensaft
2–3 Stängel Zitronenmelisse
etwa 10 Amarettini

PRO PORTION:

E: 2 g, F: 0 g, Kh: 54 g, kcal: 305

1. Aprikosen entstielen, abspülen, kurze Zeit in kochendes Wasser legen und in kaltem Wasser abschrecken. Aprikosen enthäuten, halbieren, entsteinen und in Spalten schneiden.

2. Weißwein, Aprikosennektar, Rohrzucker, Vanillin-Zucker, Zimtstange und Sago in einem Topf zum Kochen bringen. Sago etwa 20 Minuten bei schwacher Hitze ausquellen lassen.

3. Aprikosenspalten hinzugeben und noch etwa 5 Minuten ziehen lassen.

4. Die Kaltschale mit Zitronensaft abschmecken und erkalten lassen, Zimtstange entfernen.

5. Zitronenmelisse abspülen und trocken tupfen. Die Blättchen von den Stängeln zupfen, Blättchen in Streifen schneiden. Amarettini in einen kleinen Gefrierbeutel geben, Beutel verschließen. Amarettini mit einer Teigrolle zerbröseln.

6. Die Aprikosen-Kaltschale in Tellern anrichten. Mit Melissestreifen und Amarettinibröseln bestreut servieren.

TIPP:

Die Kaltschale kann auch nur mit Apfelsaft zubereitet werden.

AVOCADO-RAW-SOUP (AVOCADO-KOKOS-SUPPE)

Zubereitungszeit: 20 Minuten, ohne Kühlzeit
+ Vegetarisch

ZUTATEN FÜR 4 PORTIONEN

3 Knoblauchzehen
1 Bund Koriander
3 kleine, reife Avocados
50 ml Limettensaft
500 ml Kokoswasser (klares Fruchtwasser aus frischen Kokosnüssen; z. B. aus dem Naturkostladen, Reformhaus oder gut sortierten Drogeriemärkten mit Lebensmittel-Sortiment)
feine Chiliflocken
Salz
gem. Pfeffer

300 g Cocktailtomaten
1–2 kleine Stängel Rosmarin oder 1 EL getrockneter Rosmarin
1 Baguette (etwa 250 g)
4 EL Olivenöl

PRO PORTION:

E: 9 g, F: 30 g, Kh: 49 g, kcal: 500

1. Eine Knoblauchzehe abziehen und klein würfeln. Koriander abspülen, trocken tupfen und einige Stängel zum Garnieren beiseitelegen. Restliche Blättchen von den Stängeln zupfen und grob zerschneiden.

2. Avocados halbieren, entkernen und das Fruchtfleisch aus den Schalen lösen. Avocadofruchtfleisch mit Limettensaft, Koriander und etwa 100 ml kaltem Wasser fein pürieren. Das Kokoswasser untermixen. Die Suppe mit Chiliflocken, Salz und Pfeffer würzen. Die Suppe nach Belieben etwa 1 Stunde in den Kühlschrank stellen und gut durchkühlen lassen.

3. Tomaten abspülen, trocken tupfen, vierteln und die Stängelansätze herausschneiden. Restliche Knoblauchzehen abziehen. Rosmarin abspülen, trocken tupfen und die Nadeln von den Stängeln zupfen. Die Hälfte der Knoblauchzehen und die Rosmarinnadeln klein schneiden und mit den Tomatenspalten vermischen.

4. Baguette in Portionsstücke teilen und aufschneiden. Die Schnittflächen mit der restlichen, halbierten Knoblauchzehe abreiben.

5. Olivenöl in einer beschichteten Pfanne erhitzen. Die Baguettescheiben darin mit den Schnittflächen goldbraun anrösten, herausnehmen und auf Küchenpapier abtropfen lassen.

6. Die Tomatenmischung zum verbliebenen Bratfett in die Pfanne geben und bei starker Hitze kurz durchschwenken. Mit Salz und Pfeffer würzen.

7. Der Suppe nochmals durchmixen, mit den Gewürzen abschmecken und in tiefen Tellern oder Bowls anrichten. Mit den beiseitegelegten Korianderstängeln garnieren. Baguettescheiben mit den Schmortomaten belegen und dazu servieren.

BACKOFENSUPPE

Zubereitungszeit: 45 Minuten
Garzeit: etwa 60 Minuten

ZUTATEN FÜR 4 PORTIONEN

500 g Putenbrust oder ausgelöste Putenoberkeule
3 EL Sojasauce
1 EL Currypulver
Salz
gem. Pfeffer
250 g abgetropfte Pfirsichhälften (aus der Dose)
315 g abgetropfte Champignonscheiben (aus dem Glas)
150 g TK-Erbsen
500 g Schlagsahne
1 Pck. Currysauce (für 250 ml Wasser)
100 ml Curry-Ketchup
250 ml Gemüsebrühe

PRO PORTION:

E: 34 g, F: 37 g, Kh: 28 g, kcal: 610

1. Den Backofen vorheizen.
Ober-/Unterhitze: etwa 200 °C
Heißluft: etwa 180 °C

2. Fleisch mit Küchenpapier trocken tupfen. Fleisch zuerst in Scheiben, dann in Streifen schneiden. Fleischstreifen mit Sojasauce und Curry mischen, in einen Bräter geben und mit etwas Salz und Pfeffer bestreuen.

3. Pfirsichhälften in einem Sieb abtropfen lassen, in Spalten schneiden und zu den Fleischstreifen geben. Champignonscheiben in einem Sieb abtropfen lassen, mit den Erbsen unterrühren.

4. Sahne mit Currysaucenpulver verrühren, Ketchup und Brühe unterrühren. Dann den Suppenmix in den Bräter geben und gut untermischen. Den Bräter auf dem Rost in den vorgeheizten Backofen schieben und die Backofensuppe **etwa 60 Minuten garen.**

TIPP:

Sie können **Curry-Ketchup** auch selbst zubereiten. Dazu 200 ml Wasser mit je 1 leicht gehäuften Teelöffel Currypulver (indisch) und Zucker zum Kochen bringen. Dann den Topf von der Kochstelle nehmen und je 2 Messerspitzen Paprikapulver rosenscharf und Sambal Oelek unterrühren.
350 ml Tomatenketchup ebenfalls unterrühren und alles unter Rühren bei schwacher Hitze etwas köcheln lassen. Den fertigen Curry-Ketchup sofort in Flaschen füllen oder gleich verwenden (ergibt 400–500 ml Ketchup).

EXTRA-TIPPS:

Statt Pfirsichhälften schmeckt die Suppe auch mit Ananasstückchen aus der Dose.
Noch aromatischer wird die Suppe, wenn Sie frische rosé Champignons verwenden. Dazu 200 g frische Champignons putzen, eventuell mit Küchenpapier abreiben, in Stücke schneiden und einfach mit dem Fleisch im Bräter mischen.

BOHNENTOPF MIT TAFELSPITZ

Zubereitungszeit: 45 Minuten
Garzeit: etwa 75 Minuten

ZUTATEN FÜR 6 PORTIONEN

1 kg Tafelspitz
Salz
gem. Pfeffer
4 Schalotten
2 EL Butter
200 g Schneidebohnen
300 g grüne Bohnen (Brechbohnen)
1 kg festkochende Kartoffeln, z. B. Bio-Linda
1 Bund Bohnenkraut
200 g gepulte, dicke Bohnenkerne (ohne weiße Haut)

PRO PORTION:

E: 42 g, F: 9 g, Kh: 27 g, kcal: 375

1. Tafelspitz von Fett und Sehnen befreien. Das Fleisch mit Küchenpapier trocken tupfen. Tafelspitz in etwa 2 cm große Würfel schneiden. Mit Salz und Pfeffer würzen. Schalotten abziehen, zuerst in Scheiben schneiden, dann in Ringe teilen.

2. Butter in einem großen Topf zerlassen. Schalottenringe darin andünsten. Fleischwürfel hinzugeben und von allen Seiten leicht anbraten. So viel kaltes Wasser hinzugießen, dass die Fleischwürfel bedeckt sind. Das Wasser zum Kochen bringen und abschäumen. Die Fleischwürfel zugedeckt etwa 45 Minuten bei schwacher Hitze kochen lassen.

3. In der Zwischenzeit von den Schneidebohnen die Enden abschneiden. Die Schneidebohnen abfädeln, waschen, abtropfen lassen und schräg in 3 cm lange Stücke schneiden. Von den grünen Bohnen ebenfalls die Enden abschneiden. Bohnen eventuell abfädeln, waschen, abtropfen lassen und halbieren. Die Kartoffeln schälen, abspülen, abtropfen lassen und in kleine Würfel schneiden.

4. Nach etwa 45 Minuten Garzeit Schneidebohnen, grüne Bohnen und Kartoffelwürfel zu den Fleischwürfeln in den Topf geben. Wieder so viel heißes Wasser hinzugießen, dass die Zutaten bedeckt sind. Mit Salz würzen.

5. Das Bohnenkraut abspülen und trocken tupfen. 3 Stängel von dem Bohnenkraut in den Eintopf geben. Den Eintopf wieder zum Kochen bringen und zugedeckt weitere etwa 30 Minuten bei schwacher Hitze kochen lassen.

6. Kurz vor Ende der Garzeit die Bohnenkerne hinzufügen und miterhitzen.

7. Bohnenkrautzweige entfernen. Den Eintopf mit Salz und Pfeffer abschmecken. Restliches Bohnenkraut in kleine Stücke zupfen und in den Eintopf geben.

BOUILLABAISSE (FRANZÖSISCHE FISCHSUPPE)

● Zubereitungszeit: 60 Minuten
▲ Mit Alkohol

ZUTATEN FÜR 4 PORTIONEN

2 kleine Rotbarben (je 300 g)
1 Stück Seefisch mit hellem Fleisch nach Verfügbarkeit z. B. Dorade, Petersfisch, Wolfsbarsch, Seeteufel; etwa 350 g (alternativ 1 Stück Lachs auf der Gräte; etwa 250 g)
200 g küchenfertig vorbereitete Sardinen
1 Zwiebel
200 g Krevetten oder Gambas (roh, mit Schalen)
2 Lorbeerblätter
1 Fenchelknolle
1 Stange Lauch
2 Fleischtomaten
4 Schalotten
2 Knoblauchzehen
2–3 EL Olivenöl
4 cl trockener Wermut
4 cl Anis-Kräuter-Schnaps, z. B. Pernod
Salz
gem. Pfeffer
200 g ausgelöstes, gegartes Muschelfleisch, z. B. von Mies-, Herz-, oder Venusmuscheln; ggf. beim Fischhändler vorbestellen

PRO PORTION:

E: 42 g, F: 17 g, Kh: 8 g, kcal: 392

1. Die ganzen Fische gegebenenfalls vom Fischhändler schuppen, ausnehmen und filetieren lassen (bis auf Sardinen). Gräten und Abschnitte für den Fischfond mitgeben lassen. Die einzelnen Fischsorten mit Küchenpapier abtupfen. Sofern noch nicht geschehen die Fischfilets jeweils heraustrennen. Gräten und Köpfe für den Fond beiseitelegen.

2. Zwiebel abziehen, zuerst in Scheiben schneiden, dann in Ringe teilen.

3. Krevetten oder Gambas in kochendem Wasser mit Lorbeerblättern und Zwiebelringen etwa 3 Minuten blanchieren. Krevetten oder Gambas mit einem Schaumlöffel herausnehmen, etwas abkühlen lassen und aus den Schalen lösen.

4. Beiseitegelegte Gräten, Fischköpfe und die Schalen der Krevetten oder Gambas in 1 ½ liter Wasser zum Kochen bringen und offen auf etwa 1 Liter Flüssigkeit einkochen lassen. Anschließend den Fischfond durch ein feines Sieb gießen.

5. Fenchelknolle putzen, abspülen, abtropfen lassen und halbieren. Lauch putzen, die Stange längs halbieren, gründlich waschen, abtropfen lassen und in Scheiben schneiden. Tomaten abspülen und trocken tupfen. Schalotten und Knoblauch abziehen. Vorbereitetes Gemüse in Würfel schneiden. Die einzelnen Fischfilets in Stücke schneiden.

6. Olivenöl in einem Topf erhitzen. Gemüsewürfel darin andünsten. Fischfond, Wermut und Anisschnaps hinzugießen, mit Salz und Pfeffer abschmecken.

7. Zunächst ganze Sardinen in die Suppe einlegen, 1–2 Minuten bei schwacher Hitze ziehen lassen. Dann Fischstücke, Krevetten bzw. Gambas und Muschelfleisch hinzufügen. Die Suppe weitere 3–5 Minuten bei schwacher Hitze ziehen lassen, bis die Sardinen gar und die Filets gerade knapp gegart sind.

BEILAGE:

Ofenfrisches Baguette mit Knoblauchbutter.

BRETONISCHER KREBSTOPF

Zubereitungszeit: 45 Minuten
Garzeit: etwa 15 Minuten

ZUTATEN FÜR 4 PORTIONEN

2 Schalotten
1 kleiner Blumenkohl
4 große Artischocken
Saft von 1 Zitrone
2 EL Olivenöl
Krebspaste für 2 l Flüssigkeit
800 g gekochte Flusskrebsschwänze in Lake
Salz, gem. Pfeffer
1 Bund Estragon

PRO PORTION:

E: 40 g, F: 10 g, Kh: 8 g, kcal: 290

1. Schalotten abziehen und in kleine Würfel schneiden. Von dem Blumenkohl die Blätter und schlechten Stellen entfernen. Blumenkohl in kleine Röschen teilen, waschen und abtropfen lassen.

2. Jeweils die oberen zwei Drittel der Artischocken abschneiden und die Stiele so abbrechen, dass die harten Fasern jeweils am Stiel hängen bleiben. Die Blätter vom Boden entfernen und das Heu mit einem Löffel herauskratzen. Die Artischockenböden mit Zitronensaft einreiben. Die Böden achteln.

3. Olivenöl in einem Topf erhitzen. Die Schalottenwürfel darin andünsten. Die Blumenkohlröschen und die Artischockenachtel eventuell in 2 Portionen hinzugeben und mit andünsten. 2 Liter heißes Wasser Wasser hinzugießen und zum Kochen bringen. Die Krebspaste unterrühren. Die Flüssigkeit damit binden. Die Gemüsezutaten etwa 15 Minuten garen.

4. Flusskrebsschwänze abtropfen lassen und in den Eintopf geben. Den Eintopf erhitzen, aber nicht kochen lassen. Alles mit Salz und Pfeffer abschmecken.

5. Estragon abspülen und trocken tupfen. Die Blättchen von den Stängeln zupfen. Blättchen klein schneiden und unter den Eintopf rühren.

BULGUR-EINTOPF

Zubereitungszeit: 30 Minuten
Garzeit: etwa 15 Minuten

ZUTATEN FÜR 4 PORTIONEN

FÜR DEN DIP:

5 Blättchen Zitronenverbene
oder Zitronenmelisse
150 g griechischer Joghurt
(10 % Fett) oder Crème fraîche
Salz, gem. Pfeffer

FÜR DEN EINTOPF:

25 g Cashewkerne, 200 g Möhren
1 Zwiebel, 1 Bund Frühlingszwiebeln
350 g Schweinefilet
5 EL Speiseöl, z. B. Rapsöl
200 g Bulgur (Hartweizengrieß)
½ TL gem. Kardamom
Chiliflocken
250 ml heller Traubensaft
1 l Gemüsebrühe

PRO PORTION:

E: 28 g, F: 24 g, Kh: 56 g, kcal: 561

1. Für den Dip Zitronenverbene- oder Melisseblättchen abspülen und trocken tupfen. Die Blättchen klein schneiden. Joghurt oder Crème fraîche mit Salz, Pfeffer und den Kräutern verrühren und abschmecken.

2. Für den Eintopf Cashewkerne grob hacken und in einer beschichteten Pfanne ohne Fett goldgelb rösten, dann erkalten lassen. Möhren putzen, schälen, abspülen, abtropfen lassen. Zwiebel abziehen. Möhren und Zwiebel in kleine Würfel schneiden. Frühlingszwiebeln putzen, abspülen, abtropfen lassen und in feine Scheiben schneiden.

3. Das Schweinefilet mit Küchenpapier abtupfen, mit Salz und Pfeffer würzen. 1 Esslöffel Speiseöl in einer Pfanne erhitzen. Das Schweinefilet darin von allen Seiten scharf anbraten und in weiteren etwa 5 Minuten bei mittlerer Hitze fertig garen. Schweinefilet herausnehmen, in Alufolie wickeln und ruhen lassen.

4. Restliches Speiseöl in einem Topf erhitzen. Möhren- und Zwiebelwürfel darin andünsten. Bulgur, Kardamom und Chiliflocken hinzugeben. Traubensaft und Gemüsebrühe hinzugießen. Die Zutaten zum Kochen bringen und zugedeckt bei schwacher Hitze etwa 15 Minuten kochen lassen, dabei gelegentlich umrühren. Frühlingszwiebelscheiben in den Eintopf geben und den Eintopf abschmecken.

5. Das Schweinefilet in Scheiben schneiden. Mit den Cashewkernen in den Eintopf geben. Den Eintopf in Tellern oder Schalen anrichten. Nach Belieben mit jeweils einem Klecks von dem Dip servieren. Oder den Dip dazureichen.

TIPP:

Sie können das Schweinefilet durch Lammfilet ersetzen.

CHILI SIN CARNE

Zubereitungszeit: 30 Minuten
Garzeit: etwa 25 Minuten
+ Vegetarisch

ZUTATEN FÜR 4 PORTIONEN

1 Gemüsezwiebel (etwa 250 g)
2 Knoblauchzehen
1 dicke Möhre (etwa 150 g)
je 1 rote, gelbe und grüne Paprikaschote (je etwa 200 g)
1 Zucchini (etwa 300 g)
1 kleine Aubergine (etwa 250 g)
2–3 EL Olivenöl
500 g abgetropfte Kidneybohnen (aus Dosen)
800 g geschälte Tomaten (aus der Dose)
1 Lorbeerblatt
2–3 EL Chilisauce
Salz
1 Prise Zucker
2 TL Chilipulver
1 Zweig Rosmarin
1 kleines Bund Thymian
gem. Pfeffer
150 g Crème fraîche

PRO PORTION:

E: 20 g, F: 20 g, Kh: 43 g, kcal: 438

1. Gemüsezwiebel und Knoblauch abziehen und fein würfeln. Möhre putzen, schälen, abspülen und abtropfen lassen. Paprikaschoten halbieren, entstielen, entkernen und die weißen Scheidewände entfernen. Schoten abspülen und trocken tupfen.

2. Zucchini und Aubergine abspülen, abtrocknen und die Enden bzw. Stängelansätze abschneiden. Möhre, Paprikaschoten, Zucchini und Aubergine in ½–1 cm kleine Würfel schneiden.

3. Das Olivenöl in dem Topf erhitzen. Zuerst die Zwiebel- und Möhrenwürfel darin bei mittlerer Hitze andünsten. Dann die Paprika- und Knoblauchwürfel hinzufügen. Danach die Zucchini- und Auberginenwürfel hinzugeben und mit andünsten.

4. Die Kidneybohnen in ein Sieb geben, mit kaltem Wasser abspülen und abtropfen lassen. Die Tomaten mit der Flüssigkeit in einen hohen Rührbecher geben und mit dem Pürierstab pürieren.

5. Die Kidneybohnen mit dem Lorbeerblatt und der Chilisauce in den Topf geben. Das Tomatenpüree hinzugießen und unterrühren. Alles zum Kochen bringen und bei schwacher Hitze zugedeckt etwa 15 Minuten köcheln lassen. Dabei das Chili gelegentlich umrühren. Das Chili mit Salz, Zucker und Chilipulver würzen.

6. Rosmarin und Thymian abspülen und trocken tupfen. Die Nadeln bzw. Blättchen von den Stängeln zupfen und fein schneiden. Rosmarin und Thymian unter das Chili rühren. Das Chili weitere etwa 10 Minuten garen.

7. Das Chili mit Salz und Pfeffer abschmecken, das Lorbeerblatt entfernen. Zum Servieren jede Portion mit einem Klecks Crème fraîche garnieren.

TIPPS:

Das Chili noch mit etwas Chilipulver bestreut und mit Rosmarinnadeln garniert servieren.
Das Chili zusätzlich mit Nudeln (pro Person 60–80 g Rohware) oder gegarten Kartoffelwürfeln (etwa 400 g) anreichern.
Oder Baguette, Fladenbrot bzw. Tortilla-Chips dazureichen.

CHINAKOHLEINTOPF

Zubereitungszeit: 30 Minuten
Garzeit: etwa 13 Minuten

ZUTATEN FÜR 4 PORTIONEN

4 Zwiebeln (etwa 200 g)
1–2 Knoblauchzehen
800 g Kartoffeln
1 EL Speiseöl, z. B. Rapsöl
500 g Tatar (Schabefleisch)
Salz
gem. Pfeffer
2 gestr. TL Gemüsebrühenpulver
200 ml heißes Wasser
1 ¼ kg Chinakohl
800 g stückige Tomaten (aus dem Tetrapak)
½ Bund Schnittlauch

PRO PORTION:

E: 37 g, F: 8 g, Kh: 36 g, kcal: 370

1. Die Zwiebeln und den Knoblauch abziehen, klein würfeln. Kartoffeln schälen, abspülen, abtropfen lassen und in etwa 1 ½ cm große Würfel schneiden. Speiseöl in einem Topf erhitzen. Zwiebel-, Knoblauch- und Kartoffelwürfel darin evtl. portionsweise unter Rühren anbraten.

2. Tatar hinzufügen und unter Rühren anbraten. Dabei die Fleischklümpchen mit einer Gabel etwas zerdrücken. Mit Salz, Pfeffer und Brühe würzen.

3. Wasser hinzugießen. Die Zutaten unter Rühren zum Kochen bringen und etwa 5 Minuten kochen lassen. In der Zwischenzeit Chinakohl putzen, vierteln und den Strunk herausschneiden. Chinakohl abspülen, abtropfen lassen und in feine Streifen schneiden.

4. Tomaten unter die Kartoffel-Tatar-Mischung rühren und wieder zum Kochen bringen. Die Chinakohlstreifen hinzugeben. Den Eintopf etwa 8 Minuten unter gelegentlichem Rühren kochen lassen.

5. Schnittlauch abspülen, trocken tupfen und in Röllchen schneiden. Den Eintopf nochmals mit den Gewürzen abschmecken, in Suppentassen füllen und mit den Schnittlauchröllchen bestreut servieren.

COUSCOUS MIT LAMM UND MINZE

Zubereitungszeit: 35 Minuten
Garzeit: etwa 45 Minuten

ZUTATEN FÜR 4 PORTIONEN

600 g Lammschulter
Salz, gem. Pfeffer
2 Knoblauchzehen
2 Zwiebeln
2 rote Paprikaschoten
2 EL Olivenöl
1 Msp. gem. Zimt
0,1 g gem. Safran

250 g Couscous (Instant)
1 EL Olivenöl
2 EL Butter

2 große Tomaten
1 Bund Minze, z. B. marokkanische Minze
2 Bio-Limetten (unbehandelt, ungewachst)

PRO PORTION:

E: 37 g, F: 28 g, Kh: 52 g, kcal: 615

1. Lammschulter mit Küchenpapier trocken tupfen und in etwa 2 cm große Würfel schneiden. Mit Salz und Pfeffer würzen. Knoblauch abziehen, durch eine Knoblauchpresse drücken und mit den Lammfleischwürfeln vermengen.

2. Zwiebeln abziehen und in kleine Würfel schneiden. Paprikaschoten halbieren, entstielen, entkernen und die weißen Scheidewände entfernen. Schotenhälften waschen, abtropfen lassen und ebenfalls würfeln.

3. Olivenöl in einem Topf erhitzen. Lammfleischwürfel darin von allen Seiten anbraten. Zwiebelwürfel hinzugeben und mitdünsten lassen. Paprikawürfel ebenfalls hinzufügen und

mit andünsten. Mit Zimt und Safran bestäuben. So viel kaltes Wasser hinzugießen, dass die Zutaten gut bedeckt sind. Zum Kochen bringen. Die Lammfleischwürfel zugedeckt etwa 45 Minuten garen.

4. In der Zwischenzeit Couscous mit reichlich kochendem Wasser übergießen. Der Grieß soll das Wasser vollständig aufnehmen und weich werden. Eventuell Couscous in ein Sieb geben und überschüssiges Wasser ablaufen lassen. Den Couscous mit einer Gabel auflockern. Mit Salz und Pfeffer würzen. Olivenöl und Butter untermischen. Couscous warm stellen.

5. Die Tomaten waschen, abtrocknen, halbieren und die Stängelansätze herausschneiden. Die Tomatenhälften würfeln. Minze abspülen und trocken tupfen. Die Blättchen von den Stängeln zupfen und in Streifen schneiden. Limetten heiß abwaschen, abtrocknen und in Spalten schneiden.

6. Das Couscous mit den Tomatenwürfeln und Minzestreifen zu den garen Lammfleischwürfeln geben und untermischen, mit Limettenspalten garniert servieren.

EINTOPF VON NORDSEEFISCHEN

- Zubereitungszeit: 30 Minuten
  Garzeit: etwa 15 Minuten
- ▲ Mit Alkohol

ZUTATEN FÜR 4 PORTIONEN

1 Bund Suppengrün
(Sellerie, Möhre, Lauch, Petersilienwurzel)
1 vorgegarter Hummer, z. B. aufgetauter TK-Hummer aus dem Supermarkt oder vom Fischhändler
2 EL Olivenöl
0,1 g Safranfäden
1 kg küchenfertige, gewaschene Miesmuscheln
40 ml Noilly Prat (Wermut)
1 l Fischfond
Salz
gem. weißer Pfeffer
200 g Steinbuttfilet
200 g Kabeljaufilet
200 g Lachsfilet

4 Stängel Dill
1 Bio-Zitrone (unbehandelt, ungewachst)
3 EL Butter (zimmerwarm)
12 dünne Baguettescheiben

PRO PORTION:

E: 52 g, F: 28 g, Kh: 42 g, kcal: 642

1. Suppengrün putzen, schälen, abspülen, abtropfen lassen und in feine Streifen schneiden. Den Hummer aufbrechen, das Fleisch in mundgerechte Stücke schneiden.

2. Olivenöl in einem Topf erhitzen. Die Gemüsestreifen und Safranfäden darin etwa 5 Minuten bei schwacher Hitze unter gelegentlichem Rühren andünsten. Die Miesmuscheln (Muscheln, die sich beim Waschen öffnen, sind ungenießbar) hinzugeben und kurz mitdünsten lassen. Mit Noilly Prat ablöschen, den Fischfond hinzugießen und zum Kochen bringen, mit Salz und Pfeffer würzen. Die Muscheln mit den Gemüsestreifen zugedeckt etwa 5 Minuten kochen lassen.

3. Die Muscheln herausnehmen (Muscheln, die sich nach dem Garen nicht öffnen, sind ungenießbar) und das Muschelfleisch aus den Schalen lösen.

4. Die Fischfilets mit Küchenpapier abtupfen und jeweils in Stücke (etwa 2 x 4 cm) schneiden. Mit Salz und Pfeffer würzen. Die Fischstücke mit dem Hummer- und Muschelfleisch in den Eintopf geben und in etwa 6 Minuten bei schwacher Hitze gar ziehen lassen.

5. Den Backofen vorheizen.
Ober-/Unterhitze: etwa 200 °C
Heißluft: nicht empfehlenswert!

6. In der Zwischenzeit Dill abspülen und trocken tupfen. Die Spitzen von den Stängeln zupfen, Spitzen klein schneiden. Die Zitrone heiß abwaschen, abtrocknen und die Schale fein abreiben. Zitrone halbieren und den Saft auspressen. Butter glatt rühren, mit Salz und Pfeffer würzen. Die Zitronenschale mit etwas Zitronensaft und Dill unter die Butter rühren. Mit Salz und Pfeffer abschmecken.

7. Die Dillbutter auf die Baguettescheiben streichen, auf ein Backblech legen und die Baguettescheiben im vorgeheizten Backofen kurz überbacken.

8. Den Eintopf in Tellern anrichten und mit den Baguettescheiben servieren.

EINTOPF VON VIER WURZELGEMÜSEN

Zubereitungszeit: 30 Minuten
Garzeit: 15–20 Minuten

ZUTATEN FÜR 4 PORTIONEN

300 g Pastinaken
300 g Kerbelwurzeln
200 g Petersilienwurzeln
400 g Möhren
2 Zwiebeln
2 EL Butter
Salz
gem. Pfeffer
1 ¼ l heiße Gemüsebrühe

1 Bund Schnittlauch
250 g Crème fraîche
8 Scheiben Kasseler-Aufschnitt

FÜR DAS PETERSILIENÖL:

1 Bund Petersilie
200 ml Oliven- oder Sonnenblumenöl
1 gestr. TL Salz

1 Prise Zucker

PRO PORTION:

E: 15 g, F: 39 g, Kh: 23 g, kcal: 507

1. Pastinaken, Kerbel-, Petersilienwurzeln und Möhren putzen, schälen, abspülen und abtropfen lassen. Das Gemüse in knapp ½ cm dicke Scheiben schneiden. Die Zwiebeln abziehen und fein würfeln.

2. Die Butter in einen Topf geben und zerlassen. Die Zwiebelwürfel hinzugeben und darin andünsten. Die Wurzelgemüsescheiben hinzugeben und ebenfalls mit andünsten, mit Salz und Pfeffer würzen. Die Gemüsebrühe hinzugießen. Den Eintopf zugedeckt bei mittlerer Hitze 15–20 Minuten köcheln lassen.

3. In der Zwischenzeit den Schnittlauch abspülen, trocken tupfen und in feine Röllchen schneiden. Crème fraîche in eine Schüssel geben, mit den Schnittlauchröllchen verrühren, mit Salz und Pfeffer abschmecken. Kasselerscheiben in feine Streifen schneiden.

4. Für das Petersilienöl die Petersilie abspülen, trocken tupfen und die Blättchen von den Stängeln zupfen. Petersilienblättchen in einen hohen Rührbecher geben. Öl und Salz hinzugeben. Die Zutaten mit einem Pürierstab zu einem Petersilienöl verarbeiten.

5. Den Eintopf mit Salz, Pfeffer und Zucker abschmecken.

6. Zum Servieren den Eintopf in 4 Portionen mit Kasselerstreifen und der Crème-fraîche-Mischung anrichten. Je Portion 1 Esslöffel Petersilienöl daraufgeben.

TIPPS:

Das restliche Petersilienöl hält sich gut verschlossen 3–4 Tage im Kühlschrank.
Das Öl kann auch für Salatdressings eingesetzt werden.
Noch würziger wird das Petersilienöl, wenn Sie 1 Knoblauchzehe abziehen, halbieren und mitpürieren.

ELSÄSSER KRAUTTÖPFLE

◷ Zubereitungszeit: 30 Minuten
Garzeit: etwa 2 Stunden
▲ Mit Alkohol

ZUTATEN FÜR 8 PORTIONEN

1 kg frisches, rohes Sauerkraut
2 Zwiebeln
2 dicke Möhren
225 g abgetropfte, weiße Bohnen (aus der Dose)
1 große Speckschwarte
4 fingerdicke Scheiben durchwachsener Speck
8 Mettenden (Rauchenden)
4 dicke Scheiben Kasseler (ohne Knochen)
1 Gewürzbeutel (10 weiße Pfefferkörner, 4 Gewürznelken, 8 Wacholderbeeren, 1 Lorbeerblatt)
500 ml trockener Riesling
4 große, festkochende Kartoffeln

mittelscharfer Senf

PRO PORTION:

E: 32 g, F: 44 g, Kh: 14 g, kcal: 631

1. Den Backofen vorheizen.
Ober-/Unterhitze: etwa 180 °C
Heißluft: etwa 160 °C

2. Das Sauerkraut in ein Sieb geben, unter fließendem kalten Wasser abspülen, abtropfen lassen und auseinanderzupfen. Die Zwiebeln abziehen, halbieren und in Streifen schneiden. Möhren putzen, schälen, abspülen, abtropfen lassen und in dünne Scheiben schneiden. Die Bohnen in ein Sieb geben, mit kaltem Wasser abspülen und abtropfen lassen.

3. Die Speckschwarte in einen großen, gusseisernen Topf oder Bräter legen. Die Hälfte des Sauerkrauts darauf verteilen. Zwiebelstreifen und Möhrenscheiben daraufgeben. Speckscheiben, Mettenden, Kasselerscheiben und den Gewürzbeutel darauflegen. Restliches Sauerkraut darauf verteilen. Den Riesling und 500 ml Wasser hinzugießen.

4. Den Topf oder Bräter auf dem Rost in den vorgeheizten Backofen schieben. Den Eintopf **etwa 2 Stunden garen.**

5. In der Zwischenzeit Kartoffeln waschen, schälen, abspülen, abtropfen lassen und in 2 cm dicke Würfel schneiden. Dann die Kartoffelwürfel nach etwa 90 Minuten Garzeit in den Eintopf geben. Den Eintopf weitere etwa 30 Minuten garen. Den Gewürzbeutel entfernen.

6. Elsässer Krauttöpfle mit Senf servieren.

ERBSENEINTOPF MIT METTWÜRSTCHEN

Zubereitungszeit: 40 Minuten, ohne Einweichzeit
Garzeit: etwa 90 Minuten

ZUTATEN FÜR 4 PORTIONEN

375 g ungeschälte Erbsen
150 g Schinkenschwarte oder 250 g Schweinebauch
1 Bund Suppengrün (Möhre, Knollensellerie, Lauch)
Salz, gem. Pfeffer
gerebelter Liebstöckel
375 g Kartoffeln
4 geräucherte Mettwürstchen

PRO PORTION:

E: 35 g, F: 33 g, Kh: 26 g, kcal: 548

1. Erbsen waschen und abtropfen lassen. Erbsen in 1 ½ l kaltem Wasser über Nacht einweichen lassen.

2. Schinkenschwarte oder Schweinebauch mit Küchenpapier abtupfen. Die eingeweichten Erbsen mit dem Einweichwasser und der Schinkenschwarte oder dem Schweinebauch in einem Topf zum Kochen bringen und zugedeckt etwa 60 Minuten bei schwacher Hitze kochen lassen.

3. Möhre und Sellerie putzen, schälen, abspülen, abtropfen lassen und in Würfel schneiden. Lauch putzen, die Stange längs halbieren, gründlich waschen, abtropfen lassen und in Stücke schneiden. Möhren-, Selleriewürfel und Lauchstücke nach etwa 60 Minuten Garzeit zu dem Fleisch und den Erbsen in den Topf geben. Mit Salz, Pfeffer und Liebstöckel würzen. Die Zutaten zum Kochen bringen. Den Eintopf zugedeckt weitere etwa 30 Minuten garen.

4. In der Zwischenzeit Kartoffeln schälen, abspülen, abtropfen lassen und in Würfel schneiden. Salzwasser in einem Topf zum Kochen bringen. Die Kartoffelwürfel darin etwa 20 Minuten gar kochen. Dann abgießen, abdämpfen und etwas zerstampfen.

5. Die Schinkenschwarte oder den Schweinebauch aus dem Eintopf nehmen. Die zerstampften Kartoffeln in den Eintopf geben und unterrühren.

6. Die Schinkenschwarte oder den Schweinebauch in Stücke schneiden, mit den Mettwürstchen wieder in den Eintopf geben und erhitzen. Den Eintopf nochmals mit den Gewürzen abschmecken.

TIPPS:

Eintöpfe eignen sich gut zum Einfrieren, wenn sie eingefroren werden, bevor die Kartoffeln hinzukommen.
Empfehlenswert ist es, den Eintopf portioniert einzufrieren und vor dem Erhitzen ganz aufzutauen, damit ein weiteres Garen und Zerkochen der Zutaten vermieden wird. Beim Erhitzen eventuell etwas Brühe oder Wasser hinzufügen. Auf diese Weise können auch Linsen- oder Weiße-Bohnen-Eintöpfe zubereitet werden.

ERBSENSUPPE

Zubereitungszeit: 15 Minuten
Garzeit: etwa 25 Minuten
+ Vegetarisch

ZUTATEN FÜR 4 PORTIONEN

250 g mehligkochende Kartoffeln
2 Zwiebeln
2–3 EL Speiseöl, z. B. Rapsöl
450 g TK-Erbsen oder frische, vorbereitete Erbsen
1 l Gemüsebrühe
1 TL gerebelter Majoran
Salz, gem. Pfeffer
1 EL Zucker
evtl. 1–2 EL klein geschnittene, glatte Petersilie

PRO PORTION:

E: 10 g, F: 7 g, Kh: 27 g, kcal: 215

1. Kartoffeln schälen, abspülen, abtropfen lassen und grob würfeln. Zwiebeln abziehen und ebenfalls grob würfeln. Speiseöl in einem Topf erhitzen, Zwiebel- und Kartoffelwürfel darin unter Rühren andünsten. Erbsen hinzufügen und die Brühe hinzugießen. Die Zutaten zum Kochen bringen und zugedeckt etwa 25 Minuten bei mittlerer Hitze kochen, nach Belieben pürieren.

2. Die Suppe mit Majoran, Salz, Pfeffer und Zucker abschmecken.

3. Die Erbsensuppe evtl. mit Petersilie garniert servieren.

TIPPS:

Nach Belieben können Sie die Suppe mit Crème fraîche servieren.
Als Einlage können Sie in Scheiben geschnittene Wiener Würstchen, Rauchenden, Lammfilet, Räucherlachsstreifen, Croûtons oder kross gebratene Knoblauchscheiben in die Suppe geben.
1 Esslöffel klein geschnittene Kräuter entspricht, je nach Kraut (z. B. Petersilie, Pfefferminze, Kerbel), etwa 5 Stängeln von dem jeweiligen Kraut (abgespült, trocken getupft und klein geschnitten).

ABWANDLUNGEN:

Verwenden Sie statt TK-Erbsen 250 g getrocknete Erbsen. Diese müssen in 1 ½ Liter Wasser etwa 60 Minuten gekocht werden, beachten Sie auch die Packungsanleitung.
Anstelle von 1 Liter Gemüsebrühe 800 ml ungesüßte Kokosmilch und 200 ml Gemüsebrühe verwenden. Als Einlage passen dann geröstete Kokosraspel und Chiliflocken.

ERDBEER-PFIRSICH-KALTSCHALE

- Zubereitungszeit: 20 Minuten, ohne Abkühlzeit
  Garzeit: 20–25 Minuten
- + Vegetarisch
- ▲ Mit Alkohol

ZUTATEN FÜR 4 PORTIONEN

500 ml Orangensaft
200 ml Weißwein
50 g Perlsago
3 Pfirsiche
500 g Erdbeeren
1 Pck. Bourbon-Vanille-Zucker

PRO PORTION:

E: 3 g, F: 1 g, Kh: 39 g, kcal: 230

1. Orangensaft mit Wein in einem Topf zum Kochen bringen, Sago einrühren, wieder zum Kochen bringen und zugedeckt 15–20 Minuten bei schwacher Hitze kochen lassen, dabei gelegentlich umrühren.

2. Inzwischen die Pfirsiche abspülen, kurze Zeit in kochendes Wasser legen (nicht kochen lassen), in kaltem Wasser abschrecken und enthäuten. Pfirsiche halbieren und entsteinen. Das Fruchtfleisch in Würfel schneiden.

3. Erdbeeren putzen, abspülen, abtropfen lassen und entstielen. Große Erdbeeren halbieren.

4. Die Pfirsichwürfel etwa 5 Minuten, Erdbeeren etwa 2 Minuten vor Ende der Kochzeit in die Orangen-Wein-Flüssigkeit geben und mitgaren lassen. Zuletzt den Vanille-Zucker unterrühren.

5. Die Erdbeer-Pfirsich-Kaltschale abkühlen lassen und in den Kühlschrank stellen.

TIPP:

Sie können den Weißwein durch Apfelsaft ersetzen.

ERDNUSS-SÜSSKARTOFFEL-EINTOPF

Zubereitungszeit: 25 Minuten
Garzeit: 17–22 Minuten

ZUTATEN FÜR 4 PORTIONEN

375 g Salsicce (italienische, rohe Bratwurst)
200 g Möhren
1 Stange Lauch (etwa 175 g)
400 g Süßkartoffeln (Batate)
2 Knoblauchzehen
1 Zwiebel
1 Lorbeerblatt
2 Gewürznelken
½–1 TL Chiliflocken
Salz
gem. schwarzer Pfeffer
1 l kräftige Gemüse- oder Fleischbrühe
1 große, rote Paprikaschote (etwa 300 g)
100 g Erdnussmus
(aus dem Glas, ungesüßt)
2 EL geröstete, gesalzene Erdnusskerne
1 kleine reife Papaya (etwa 300 g)
evtl. 1 Bund frischer Koriander

PRO PORTION:

E: 26 g, F: 45 g, Kh: 39 g, kcal: 667

1. Bratwurstbrät in kleinen Klößchen jeweils aus der Pelle drücken. Salsicce-Klößchen mit leicht angefeuchteten Händen rund rollen. Die Klößchen in einem erhitzten großen Topf von allen Seiten goldbraun anbraten.

2. In der Zwischenzeit Möhren putzen, schälen, abspülen, abtropfen lassen und in Scheiben schneiden. Lauch putzen, die Stange längs halbieren, gründlich waschen, abtropfen lassen und in Streifen schneiden. Süßkartoffeln schälen, abspülen, abtropfen lassen und in etwa 3 cm große Würfel schneiden. Knoblauch und Zwiebel abziehen und klein würfeln.

3. Die Salsicce-Klößchen aus dem Topf nehmen, auf einen Teller geben und zugedeckt beiseitestellen. Knoblauch- und Zwiebelwürfel in dem verbliebenen Bratfett unter Rühren andünsten. Lorbeerblatt, Gewürznelken und Chiliflocken hinzugeben und mit andünsten.

4. Dann Süßkartoffelwürfel, Möhrenscheiben und Lauchstreifen ebenfalls unter Rühren mit andünsten. Mit Salz und Pfeffer würzen. Mit Brühe ablöschen, zum Kochen bringen und 12–15 Minuten bei schwacher Hitze kochen lassen.

5. Die Paprikaschote halbieren, entstielen, entkernen und die weißen Scheidewände entfernen. Schote abspülen, trocken tupfen und in mundgerechte Stücke schneiden.

6. Erdnussmus unter den Eintopf rühren und schmelzen lassen. Dann Paprikastücke und Salsicce-Klößchen untermischen. Die Zutaten weitere 5–7 Minuten bei schwacher Hitze kochen lassen.

7. Erdnusskerne grob hacken. Papaya halbieren und die Kerne herauslösen. Das Fruchtfleisch schälen und klein würfeln. Papayawürfel mit Erdnusskernen und 1 Prise Chiliflocken mischen. Nach Belieben Koriander abspülen, trocken tupfen und die Blättchen von den Stängeln zupfen. Blättchen klein schneiden.

8. Den Eintopf mit Salz, Pfeffer und nach Belieben weiterem Erdnussmus abschmecken. Mit der Papaya-Erdnuss-Chili-Mischung und nach Belieben mit Koriander anrichten.

FEUERTOPF

Zubereitungszeit: 45 Minuten
Garzeit: 60–80 Minuten

ZUTATEN FÜR 12 PORTIONEN

2 mittelgroße Gemüsezwiebeln
je 3 grüne und rote Paprikaschoten
340 g abgetropfte Ananasstücke (aus der Dose)
630 g abgetropfte Pilzscheiben (aus Gläsern)
2 kg Schweinegulasch
3 EL Steakgewürz
6 EL Speiseöl
500 g Chilisauce
(Fertigprodukt, aus dem Glas)
250 ml Barbecuesauce
(Fertigprodukt)
500 g Schlagsahne
1 EL Currypulver
1 EL Paprikapulver edelsüß
1 TL Cayennepfeffer
1 TL gem. Kümmelsamen
1 TL gem. Pfeffer

evtl. zusätzlich etwas kräftige Fleischbrühe

150 g frisch ger. Käse, z. B. Gouda

PRO PORTION:

E: 39 g, F: 45 g, Kh: 20 g, kcal: 678

1. Gemüsezwiebeln abziehen, halbieren und in grobe Würfel schneiden. Paprikaschoten halbieren, entstielen, entkernen und die weißen Scheidewände entfernen. Schotenhälften abspülen, abtropfen lassen und in Streifen schneiden. Ananasstücke und Pilzscheiben in einem Sieb abtropfen lassen.

2. Gulasch mit Küchenpapier trocken tupfen. Größere Fleischstücke etwas kleiner schneiden. Gulasch mit Steakgewürz würzen.

3. Den Backofen vorheizen.
Ober-/Unterhitze: etwa 180 °C
Heißluft: etwa 160 °C

4. Jeweils etwas Speiseöl in einer Pfanne erhitzen. Das Fleisch darin portionsweise von allen Seiten anbraten und herausnehmen. Zwiebelwürfel und Paprikastreifen eventuell portionsweise in dem verbliebenen Bratfett kurz andünsten (eventuell noch etwas Speiseöl hinzufügen).

5. Chili- und Barbecuesauce mit Sahne und den Gewürzen verrühren. Zuerst die Hälfte der Zwiebel-Paprika-Mischung in einen großen Bräter geben. Dann nacheinander die Hälfte der Fleischwürfel, die Hälfte der Ananas-Pilz-Mischung und die Hälfte der Saucenmischung einschichten.

6. Die restlichen Zutaten in der gleichen Reihenfolge einschichten. Bräter zugedeckt auf dem Rost in den vorgeheizten Backofen schieben. Den Feuertopf **60–80 Minuten garen.** Gegebenenfalls zusätzlich etwas Brühe angießen.

7. Nach etwa der Hälfte der Garzeit den Feuertopf mit Käse bestreuen. Den Feuertopf ohne Deckel fertig garen.

FISCHBRÜHE

Zubereitungszeit: 15 Minuten
Garzeit: etwa 20 Minuten

ZUTATEN FÜR 4 PORTIONEN

1 Bund Suppengrün
(Knollensellerie, Möhren, Lauch)
1 kg Fischreste bzw. -gräten, z. B. kleine
Abschnitte von Seezunge, Kabeljau, Steinbutt
1 Zwiebel
2 EL Speiseöl
Salz
1 kleines Lorbeerblatt
1 Gewürznelke
5 Pfefferkörner
gem. Pfeffer, evtl. 0,2 g Safran

PRO PORTION:

E: 9 g, F: 7 g, Kh: 4 g, kcal: 115

1. Sellerie und Möhren putzen, schälen, abspülen, abtropfen lassen und in grobe Würfel schneiden. Den Lauch putzen, die Stange längs halbieren, gründlich waschen, abtropfen lassen und in Stücke schneiden. Fischreste bzw. -gräten so lange unter fließendem kalten Wasser abspülen, bis das Wasser klar abläuft. Zwiebel abziehen und vierteln.

2. Das Speiseöl in einem großen Topf erhitzen. Vorbereitetes Suppengrün darin unter Rühren andünsten. 2 Liter Wasser, 2 Teelöffel Salz und Fischreste hinzugeben. Die Zwiebelviertel mit Lorbeerblatt, Gewürznelke und Pfefferkörnern in die Brühe geben. Die Zutaten zum Kochen bringen und ohne Deckel etwa 20 Minuten bei mittlerer Hitze kochen lassen.

3. Die Fischbrühe durch ein Sieb gießen, mit Salz, Pfeffer und evtl. Safran abschmecken.

TIPPS:

Für einen Fischfond die Brühe nochmals um die Hälfte einkochen lassen. Sie können die Fischbrühe als Grundlage für Fischsuppen oder -saucen verwenden. Die Fischbrühe ist gefriergeeignet.

REZEPTVARIANTE:

Für eine **feine Fischsuppe** (Foto) von 150 g Fenchelknolle den Stiel dicht oberhalb der Knolle abschneiden. Fenchelgrün abschneiden und beiseitelegen. Fenchel abspülen und trocken tupfen. 150 g Möhren putzen, schälen, abspülen und abtropfen lassen. 75 g Lauch putzen, die Stange längs halbieren, gründlich waschen und abtropfen lassen. Fenchel, Möhren und Lauch in feine Streifen schneiden. 1 kleine Zwiebel und 2 Knoblauchzehen abziehen. Zwiebel und Knoblauch fein würfeln. 500 g Fischfilet (z. B. Kabeljau, Seelachs) mit Küchenpapier abtupfen, eventuell von Gräten befreien und in etwa 2 ½ cm große Würfel schneiden. 2 Esslöffel Speiseöl in einem großen Topf erhitzen. Zwiebel-, Knoblauchwürfel und Gemüsestreifen darin unter Rühren andünsten. 1 Liter Fischfond hinzugießen und zum Kochen bringen. Fischfiletwürfel hinzugeben, wieder zum Kochen bringen. Die Suppe ohne Deckel etwa 8 Minuten bei schwacher Hitze kochen lassen. 100 g Garnelen unter fließendem kalten Wasser abspülen, trocken tupfen. Suppe mit Salz, Pfeffer und Cayennepfeffer abschmecken. Garnelen in die Suppe geben und etwa 2 Minuten mitgaren. Beiseitegelegtes Fenchelgrün abspülen und trocken tupfen. Die Suppe mit dem Fenchelgrün garniert servieren.

FISCHSUPPE MIT GEMÜSE UND DILL

● Zubereitungszeit: 25 Minuten
Garzeit: etwa 20 Minuten
▲ Mit Alkohol

ZUTATEN FÜR 4 PORTIONEN

2 Schalotten
1 dicke Möhre (etwa 120 g)
4 Frühlingszwiebeln
1 Stange Staudensellerie
2 EL Butter
2 EL Weizenmehl

100 ml trockener Weißwein, z. B. Riesling
800 ml Fischfond (aus dem Glas)
Salz, gem. weißer Pfeffer
200 g Lachsfilet
200 g Seeteufelfilet
12 Garnelenschwänze (ohne Kopf und Schale)
etwas Zitronensaft
200 g Schlagsahne
1 Bund Dill

PRO PORTION:

E: 35 g, F: 32 g, Kh: 47 g, kcal: 640

1. Die Schalotten abziehen und klein würfeln. Die Möhre putzen, schälen, abspülen, abtropfen lassen und in Scheiben schneiden. Die Frühlingszwiebeln putzen, abspülen, abtropfen lassen und in dicke Scheiben schneiden. Staudensellerie putzen, abspülen, abtropfen lassen und würfeln.

2. Die Butter in einem Topf zerlassen. Das vorbereitete Gemüse darin farblos andünsten. Mit Mehl bestäuben, unterrühren und kurz mitdünsten lassen. Mit Weißwein ablöschen und den Fischfond hinzugießen, mit Salz und Pfeffer würzen. Die Suppe etwa 10 Minuten kochen lassen.

3. In der Zwischenzeit die Fischfilets mit Küchenpapier abtupfen und in mundgerechte, nicht zu kleine Stücke schneiden. Garnelen abspülen, trocken tupfen und längs halbieren. Fischfiletstücke und Garnelen mit Salz, Pfeffer und Zitronensaft nach Geschmack würzen.

4. Die Schlagsahne unter die Suppe rühren, mit Salz und Pfeffer würzen. Fischfiletstücke und Garnelen hinzugeben, vorsichtig unterrühren und in etwa 10 Minuten bei schwacher Hitze unter gelegentlichem Rühren gar ziehen lassen.

5. Dill abspülen und trocken tupfen. Die Spitzen von den Stängeln zupfen und Spitzen klein schneiden.

6. Die Fischsuppe in Tellern anrichten und mit Dill bestreut servieren.

BEILAGE:

Geröstete Baguettescheiben.

FLUSSFISCHE MIT LAUCH UND KRÄUTERN IN RAHM

- Zubereitungszeit: 45 Minuten
  Garzeit: etwa 45 Minuten
- ▲ Mit Alkohol

ZUTATEN FÜR 6 PORTIONEN

4 Schalotten
300 g rosé Champignons
4 EL Butter
4 EL Weizenmehl
400 ml trockener Riesling
1,4 l Fischfond
Salz
gem. Pfeffer
2 Stangen Lauch
4 große, festkochende Kartoffeln
250 g Schlagsahne
400 g Zanderfilet
350 g küchenfertiger Aal
1 Bund Petersilie
1 Bund Schnittlauch
1 Bund Dill

PRO PORTION:

E: 30 g, F: 39 g, Kh: 22 g, kcal: 615

1. Schalotten abziehen und in kleine Würfel schneiden. Champignons putzen, mit Küchenpapier abreiben, eventuell waschen und trocken tupfen. Große Champignons halbieren.

2. Butter in einem Topf zerlassen. Schalottenwürfel darin glasig dünsten. Champignons hinzugeben und mit andünsten. Mit Mehl bestäuben, kurz mitdünsten lassen. Mit Wein ablöschen und zum Kochen bringen. Das klebende Mehl mit einem Spatel vom Topfboden lösen. Den Fischfond hinzugießen. Mit Salz und Pfeffer würzen. Die Zutaten unter Rühren zum Kochen bringen und etwa 20 Minuten bei schwacher Hitze leicht kochen lassen. Dabei ab und zu umrühren.

3. Den Lauch putzen, die Stangen längs halbieren, gründlich waschen, abtropfen lassen und in Streifen schneiden. Kartoffeln waschen, schälen, abspülen, abtropfen lassen und in 2 cm große Würfel schneiden. Lauchstreifen und Kartoffelwürfel in den Eintopf geben, wieder zum Kochen bringen und weitere etwa 15 Minuten bei mittlerer Hitze kochen lassen. Sahne hinzugießen.

4. In der Zwischenzeit Zander und Aal mit Küchenpapier abtupfen. Zander und Aal in mundgerechte Stücke schneiden. Die Kräuter abspülen und trocken tupfen. Von der Petersilie die Blättchen von den Stängeln zupfen. Die Blättchen klein schneiden. Schnittlauch in Röllchen schneiden. Von dem Dill die Spitzen von den Stängeln zupfen. Spitzen klein schneiden.

5. Nach etwa 15 Minuten Garzeit die Zander- und Aalstücke und die Hälfte der Kräuter in den Eintopf geben und vorsichtig unterrühren. Zugedeckt etwa 10 Minuten bei schwacher Hitze gar ziehen lassen.

6. Den Eintopf vor dem Servieren mit den restlichen Kräutern bestreuen.

FRÜHLINGS-BÄCKEOFFE

Zubereitungszeit: 20 Minuten
Garzeit: 65–70 Minuten

ZUTATEN FÜR 4–5 PORTIONEN

1 kleines Bund Suppengrün
(Möhren, Petersilienwurzel, Sellerie, Lauch)
2 Zwiebeln
1 EL Speiseöl
knapp 1 kg Kasseler (mit Knochen)
Salz
1 TL weiße Pfefferkörner
2 kleine Lorbeerblätter
1 junger Kohlrabi (etwa 350 g)
250 g junge Möhren mit Grün
1 Bund Mairübchen (netto 250 g)
400 g neue Bio-Kartoffeln
gem. Pfeffer
3–5 Blätter Filoteig
(oder Strudelteigblätter;
frisch oder TK; etwa 30 x 31 cm)
etwa 3 EL zerlassene Butter
1 Bund Kerbel oder andere Kräuter der Saison
125 g Erbsen (frisch oder TK)

PRO PORTION:

E: 40 g, F: 21 g, Kh: 51 g, kcal: 582

1. Den Backofen vorheizen.
Ober-/Unterhitze: etwa 180 °C
Heißluft: etwa 160 °C

2. Suppengrün putzen. Möhren, Petersilienwurzel und Sellerie schälen, abspülen, abtropfen lassen und in Würfel schneiden. Lauch gründlich waschen, abtropfen lassen und in Streifen schneiden. Zwiebeln abziehen und vierteln.

3. Speiseöl in einem Bräter erhitzen. Kasseler mit Küchenpapier abtupfen und in dem erhitzten Speiseöl von allen Seiten goldbraun anbraten. Vorbereitete Gemüsewürfel und Zwiebelviertel hinzugeben und mit anrösten. 500 ml Wasser hinzugießen. Etwa 2 gestrichene Teelöffel Salz, Pfefferkörner und Lorbeerblätter hinzugeben und zum Kochen bringen. Den Bräter mit dem Deckel verschließen und auf dem Rost in den vorgeheizten Backofen schieben. Kasseler in dem Fond **etwa 25 Minuten garen.**

4. In der Zwischenzeit Kohlrabi, Möhren und Rübchen putzen, schälen, abspülen, abtropfen lassen und in Stücke schneiden. Kartoffeln unter fließendem kalten Wasser gründlich abbürsten, abspülen und abtropfen lassen.

5. Gemüsestücke und Kartoffeln zum Kasseler in den Bräter geben. Mit Salz und Pfeffer würzen. Alles zugedeckt **bei gleicher Backofentemperatur weitere 20–25 Minuten garen.**

6. Inzwischen Filoteigblätter auf einer Arbeitsfläche ausbreiten. Die Blätter nach und nach mit der flüssigen Butter bestreichen und jeweils locker, wellenartig aufeinanderlegen. Kerbel abspülen, trocken tupfen und die Blättchen von den Stängeln zupfen, Blättchen grob zerschneiden.

7. Den Bräter aus dem Backofen nehmen. Gegartes Fleisch aus dem Eintopf nehmen. Fleisch vom Knochen lösen und in Scheiben oder mundgerechte Würfel schneiden. Fleischscheiben oder -würfel, Kerbel und die Erbsen unter den Eintopf mischen. Nochmals abschmecken.

8. Die Filoteigblätter auf dem Eintopf verteilen. Den Bräter ohne Deckel wieder auf dem Rost in den heißen Backofen schieben. Bäckeoffe **bei gleicher Backofentemperatur etwa 20 Minuten überbacken,** bis die Teigteigblätter goldbraun und knusprig sind.

FRÜHLINGSSUPPE MIT HUHN

Zubereitungszeit: 45 Minuten
Garzeit: etwa 1 Stunde 45 Minuten

ZUTATEN FÜR 6 PORTIONEN

1 küchenfertiges Suppenhuhn (mind. 2 kg)
Salz
2 Bund Möhren
je 500 g weißer und grüner Spargel
1 Bund Frühlingszwiebeln
1 Kohlrabi
250 g frische, gepulte Erbsen
2 feine Bratwürste
1 Bund Kerbel
gem. Pfeffer

PRO PORTION:

E: 66 g, F: 34 g, Kh: 18 g, kcal: 674

1. Das Suppenhuhn innen und mit Küchenpapier abtupfen. Das Suppenhuhn in einen hohen Topf geben. So viel kaltes Wasser hinzugießen, dass das Huhn ganz bedeckt ist. Mit Salz würzen, zum Kochen bringen und abschäumen. Das Suppenhuhn zugedeckt etwa 90 Minuten garen. Die Brühe während der Garzeit mehrmals abschäumen und entfetten.

2. In der Zwischenzeit Möhren putzen, schälen, abspülen, abtropfen lassen und längs halbieren. Den weißen Spargel von oben nach unten schälen. Darauf achten, dass die Schalen vollständig entfernt, die Köpfe aber nicht verletzt werden. Die unteren Enden abschneiden (die holzigen Stellen vollkommen entfernen). Spargelstangen in etwa 3 cm lange Stücke schneiden. Das untere Drittel des grünen Spargels schälen und die unteren Enden abschneiden. Spargelstangen ebenfalls in etwa 3 cm lange Stücke schneiden.

3. Frühlingszwiebeln putzen, waschen, abtropfen lassen und schräg in etwa 3 cm lange Stücke schneiden. Kohlrabi putzen, schälen, abspülen und abtropfen lassen. Kohlrabi zuerst in Scheiben, dann in etwa 1 cm große Würfel schneiden. Erbsen abspülen und abtropfen lassen.

4. Das gare Suppenhuhn aus der Brühe nehmen (vorher prüfen, ob das Huhn gar ist) und etwas abkühlen lassen. Das Fleisch von den Knochen lösen und in mundgerechte Stücke schneiden.

5. Die Brühe durch ein Sieb passieren und wieder in den Topf geben. Das vorbereitete Gemüse (bis auf den grünen Spargel und die Erbsen) hinzugeben. Die Bratwurstmasse so aus der Haut in die Brühe drücken, dass kleine Klößchen entstehen. Das Gemüse mit den Klößchen zum Kochen bringen und etwa 15 Minuten bei schwacher Hitze garen. Die grünen Spargelstücke und Erbsen etwa 5 Minuten vor Ende der Garzeit in die Suppe geben und mitgaren lassen.

6. Das Hühnerfleisch in die Suppe geben und erhitzen. Kerbel abspülen und trocken tupfen. Die Blättchen von den Stängeln zupfen. Blättchen klein schneiden. Die Frühlingssuppe mit Salz und Pfeffer abschmecken und mit Kerbel bestreut servieren.

GAZPACHO

Zubereitungszeit: 30 Minuten, ohne Kühlzeit
+ Vegetarisch

ZUTATEN FÜR 4 PORTIONEN

100 g Weißbrot (vom Vortag)
1 rote Paprikaschote (etwa 150 g)
1 Salatgurke (etwa 300 g)
2 Schalotten
2 Knoblauchzehen
1 Tomate
800 g geschälte Tomaten (aus der Dose)
80 ml Olivenöl
4 EL Weißwein- oder Sherryessig
Salz
gem. Pfeffer
2 Msp. Chiliflocken

PRO PORTION:

E: 4 g, F: 17 g, Kh: 14 g, kcal: 228

1. Für die Suppe Weißbrot mindestens 10 Minuten in etwas kaltem Wasser einweichen.

2. In der Zwischenzeit Paprikaschote halbieren, entstielen, entkernen und die weißen Scheidewände entfernen. Schote abspülen und abtropfen lassen. Die Gurke schälen und die Enden abschneiden. Schalotten und Knoblauch abziehen. Tomate abspülen, abtropfen lassen, halbieren und den Stängelansatz herausschneiden.

3. Tomate entkernen und klein würfeln. Ebenso ein Viertel der Paprikaschote und ein Drittel der Gurke klein würfeln und als Einlage beiseitestellen. Restliches Gemüse grob würfeln.

4. Tomaten aus der Dose mit der Flüssigkeit in eine Rührschüssel geben. Das eingeweichte Weißbrot ausdrücken, mit Olivenöl, Essig und dem grob gewürfelten Gemüse hinzugeben. Die Zutaten mit einem Pürierstab pürieren, bis eine cremige Suppe entstanden ist. Evtl. die Suppe mit etwas Wasser verdünnen.

5. Gazpacho mit Salz, Pfeffer und Chiliflocken würzen und zugedeckt bis zum Servieren in den Kühlschrank stellen.

6. Gazpacho in tiefen Tellern oder Suppenschüsseln verteilen und mit den beiseitegestellten Gemüsewürfeln garnieren.

TIPPS:

Geben Sie nach Belieben einige Olivenringe in die Suppe.
Anstelle von Essig können Sie auch Rotwein oder Zitronensaft verwenden.
Möchten Sie gern Kräuter hinzugeben, eignet sich Thymian sehr gut. Dafür einige Stängel Thymian abspülen und trocken tupfen. Die Blättchen von den Stängeln zupfen. Thymianblättchen auf der Suppe verteilen. Gerebelten Thymian geben Sie schon vor dem Pürieren in die Suppe. So kann er etwas einweichen und sein mediterranes Aroma entfaltet sich gut.

REZEPTVARIANTE:

Für eine **fruchtige Gazpacho** nur 400 g geschälte Tomaten verwenden und die einzelne Tomate weglassen. Dafür 300 g Melonenfruchtfleisch (z. B. Wassermelone oder Honigmelone) und 200 g Pfirsich- oder Aprikosenfruchtfleisch mit der Gazpacho pürieren.

GELBE LINSENSUPPE MIT JOGHURT

Zubereitungszeit: 20 Minuten
Garzeit: etwa 10 Minuten
+ Vegetarisch

ZUTATEN FÜR 4 PORTIONEN

1 kleine Zwiebel
2 Knoblauchzehen
2 TL Speiseöl
¼ TL gem. Kreuzkümmel (Cumin)
¼ TL gem. Koriander
¼ TL Cayennepfeffer
200 g getrocknete, gelbe oder rote Linsen
800 ml Gemüsebrühe
285 g abgetropfter Gemüsemais (aus der Dose)
30 g Rosinen
Salz, gem. Pfeffer
1 TL Zitronen- oder Limettensaft
4–6 Stängel glatte Petersilie
150 g Joghurt

PRO PORTION:

E: 17 g, F: 6 g, Kh: 42 g, kcal: 298

1. Zwiebel und Knoblauch abziehen, in kleine Würfel schneiden. Speiseöl in einem Topf erhitzen. Zwiebelwürfel darin andünsten. Knoblauchwürfel hinzugeben und kurz mitdünsten lassen. Mit Kreuzkümmel, Koriander und Cayennepfeffer würzen.

2. Linsen und Gemüsebrühe hinzugeben, zum Kochen bringen. Die Linsen zugedeckt etwa 10 Minuten nach Packungsanleitung garen und dabei gelegentlich umrühren.

3. Mais in einem Sieb abtropfen lassen. Mais und Rosinen in die Linsensuppe geben und gut unterrühren. Die Suppe mit Salz, Pfeffer und Zitronen- oder Limettensaft abschmecken.

4. Petersilie abspülen und trocken tupfen. Die Blättchen von den Stängeln zupfen. Blättchen klein schneiden. Die Suppe mit Petersilie bestreuen. Den Joghurt glatt rühren und in ein Schälchen geben.

5. Die Linsensuppe in 4 Suppentassen verteilen. Den Joghurt getrennt dazureichen.

BEILAGE:

Ofenfrisches Baguette oder Ciabatta.

TIPPS:

Gelbe oder rote Linsen haben nur eine kurze Garzeit, sie zerfallen sehr schnell. Deshalb die Linsen nach Packungsanleitung garen. Die roten oder gelben Linsen können durch getrocknete, braune Tellerlinsen ersetzt werden. Dann die Linsen (nach Packungsanleitung) 30–35 Minuten in der Brühe garen.
Kreuzkümmel (Cumin) kommt vor allem in der arabischen und indischen Küche vor. Er ist im Geschmack etwas schärfer als der klassische Kümmel und gibt mit Koriander und Cayennepfeffer dem Gericht eine orientalische Note.

GEMÜSEEINTOPF

Zubereitungszeit: 30 Minuten
Garzeit: etwa 25 Minuten
+ Vegan

ZUTATEN FÜR 4 PORTIONEN

500 g Kartoffeln
1 Lorbeerblatt
150 g grüne Bohnen
100 g Möhren
500 g Kohlrabi
400 g Knollensellerie
2 l vegane Gemüsebrühe
½ kleiner Blumenkohl oder Brokkoli (etwa 250 g)
1 Bund Frühlingszwiebeln
Salz, gem. Pfeffer
1 kleines Bund Petersilie

PRO PORTION:

E: 9 g, F: 1 g, Kh: 30 g, kcal: 173

1. Kartoffeln schälen, abspülen, abtropfen lassen und in Würfel schneiden. Kartoffelwürfel, Lorbeerblatt und 500 ml Wasser in einem großen Topf zugedeckt zum Kochen bringen und etwa 5 Minuten kochen lassen.

2. In der Zwischenzeit von den Bohnen die Enden abschneiden, evtl. abfädeln. Bohnen abspülen, abtropfen lassen und in Stücke schneiden. Möhren putzen, schälen, abspülen, abtropfen lassen und in Würfel schneiden. Kohlrabi schälen, abspülen, abtropfen lassen und würfeln. Sellerie putzen, schälen, abspülen, abtropfen lassen und in Würfel schneiden. Bohnenstücke, Möhren-, Kohlrabi- und Selleriewürfel zu den Kartoffelwürfeln in den Topf geben. Gemüsebrühe hinzugießen, zum Kochen bringen und weitere etwa 10 Minuten garen.

3. Vom Blumenkohl oder Brokkoli die Blätter entfernen und den Strunk abschneiden. Blumenkohl oder Brokkoli in kleine Röschen teilen, abspülen und abtropfen lassen. Vom Brokkoli den Strunk schälen, abspülen, abtropfen lassen und in kleine Würfel schneiden. Frühlingszwiebeln putzen, abspülen, abtropfen lassen und in schmale Scheiben schneiden.

4. Blumenkohlröschen oder Brokkoli ebenfalls in den Topf geben. Mit Salz und Pfeffer würzen. Den Eintopf bei mittlerer Hitze noch etwa 8 Minuten kochen lassen.

5. Petersilie abspülen und trocken tupfen. Die Blättchen von den Stängeln zupfen, Blättchen klein schneiden. Kurz vor Ende der Garzeit die Frühlingszwiebelscheiben und Petersilie hinzugeben.

6. Lorbeerblatt aus dem Eintopf entfernen. Eintopf mit Salz und Pfeffer abschmecken.

TIPPS:

Der Eintopf kann sehr gut mit anderen Gemüsesorten, wie z. B. Spargel, weiß und grün, Zucchini, Lauch usw. zubereitet werden.
Anstelle von frischem Gemüse können Sie auch 700–800 g TK-Gemüse verwenden.

GEMÜSEEINTOPF AUS VIERLANDEN

Zubereitungszeit: 60 Minuten
Garzeit: etwa 2 Stunden

ZUTATEN FÜR 6 PORTIONEN

1 kg Kalbsbrust
100 g Kalbsknochen
Salz, grob zerdrückte Pfefferkörner
1 Lorbeerblatt
1 Bund Möhren
1 Bund gelbe Möhren
1 kg weißer Spargel
500 g Kalbsgehacktes
gem. Pfeffer, 1 Ei (Größe M)
1 TL mittelscharfer Senf
1 Bund Schnittlauch
250 g kleine Muschelnudeln
1 Bund Petersilie

PRO PORTION:

E: 58 g, F: 20 g, Kh: 38 g, kcal: 562

1. Kalbsbrust und -knochen mit Küchenpapier abtupfen und in einen hohen Topf geben. So viel kaltes Wasser hinzugießen, dass das Fleisch gut bedeckt ist. Zum Kochen bringen und abschäumen. Salz, Pfefferkörner und Lorbeerblatt hinzugeben. Dann die Kalbsbrust und -knochen ohne Deckel etwa 90 Minuten bei schwacher Hitze leicht kochen lassen. Dabei ab und zu die Brühe abschäumen.

2. In der Zwischenzeit Möhren putzen, schälen, abspülen, abtropfen lassen und in Scheiben schneiden. Den Spargel von oben nach unten schälen. Darauf achten, dass die Schalen vollständig entfernt, die Köpfe aber nicht verletzt werden. Die unteren Enden abschneiden (die holzigen Stellen vollkommen entfernen). Spargelstangen in etwa 3 cm lange Stücke schneiden.

3. Das Kalbsgehackte in eine Schüssel geben. Salz, Pfeffer, Ei und Senf hinzugeben und gut unterkneten. Schnittlauch abspülen, trocken tupfen und in feine Röllchen schneiden. Schnittlauchröllchen unter die Hackfleischmasse arbeiten. Aus der Hackfleischmasse mit angefeuchteten Händen kleine Bällchen formen.

4. Reichlich Wasser in einem Topf zum Kochen bringen. Dann Salz und Nudeln hinzugeben. Die Nudeln im geöffneten Topf bei mittlerer Hitze nach Packungsanleitung kochen. Dabei zwischendurch 4–5-mal umrühren. Die garen Nudeln in ein Sieb geben, mit heißem Wasser abspülen und abtropfen lassen.

5. Petersilie abspülen und trocken tupfen. Die Blättchen von den Stängeln zupfen und klein schneiden.

6. Nach etwa 90 Minuten Garzeit prüfen (durch Einstechen mit einem Holzspieß), ob das Fleisch weich ist. Falls nicht, die Garzeit um etwa 30 Minuten verlängern. Das gare Fleisch aus der Brühe nehmen, in Scheiben schneiden und warm stellen.

7. Die Brühe durch ein Sieb passieren und wieder in den Topf geben. Die Hackbällchen in die Brühe geben und etwa 10 Minuten ziehen lassen.

8. Die Möhrenscheiben und Spargelstücke hinzugeben und eventuell etwas Wasser hinzugießen. Den Eintopf wieder zum Kochen bringen und ohne Deckel weitere etwa 20 Minuten bei schwacher bis mittlerer Hitze kochen lassen.

9. Den Eintopf mit Salz und Pfeffer abschmecken.

10. Die Muschelnudeln und Petersilie unter den Eintopf rühren, kurz erwärmen. Warm gestelltes Fleisch in den Eintopf legen oder dazureichen.

BEILAGE:

Krustenbrot, mit Butter bestrichen und mit Schnittlauchröllchen bestreut.

GEMÜSENUDEL-SUPPE MIT CHORIZO

Zubereitungszeit: 20 Minuten
Garzeit: 10–13 Minuten

ZUTATEN FÜR 4 PORTIONEN

150 g Chorizo (spanische Paprikawurst) oder Cabanossi oder Sucuk
4 EL Olivenöl
2 Zwiebeln
2 Knoblauchzehen
400 g Kichererbsen (aus der Dose)
1 Lorbeerblatt
ger. Muskatnuss
Salz
gem. Pfeffer
evtl. Chiliflocken
1 l kräftige Gemüse- oder Fleischbrühe
3–4 kleine, feste Zucchini (etwa 500 g)
3 mittelgroße Möhren (etwa 300 g)
1 Bund Basilikum
1 Bund glatte Petersilie

3–4 EL Röstzwiebeln (Fertigprodukt)

PRO PORTION:

E: 20 g, F: 31 g, Kh: 32 g, kcal: 498

1. Von der Chorizo die Pelle abziehen. Chorizo in Scheiben schneiden. 1 Esslöffel Olivenöl in einem Topf erhitzen. Die Wurstscheiben darin portionsweise von beiden Seiten knusprig braten. Auf Küchenpapier abtropfen lassen.

2. Zwiebeln und Knoblauch abziehen, in kleine Würfel schneiden. Die Hälfte der Zwiebel- und Knoblauchwürfel in dem verbliebenen Bratfett unter Rühren andünsten. Kichererbsen in ein Sieb geben, mit kaltem Wasser abspülen und abtropfen lassen. Lorbeerblatt, Muskat und die Kichererbsen zu den Zwiebel- und Knoblauchwürfeln geben und kurz mit andünsten. Mit Salz, Pfeffer und nach Belieben mit 1 Prise Chili würzen.

3. Die Brühe hinzugießen, zum Kochen bringen und alles etwa 5 Minuten kochen lassen.

4. In der Zwischenzeit Zucchini abspülen, abtrocknen und die Enden abschneiden. Die Möhren putzen, schälen, abspülen und abtropfen lassen. Zucchini und Möhren mit einem Gemüse-Spiralschneider in lange Gemüse „Spaghetti" schneiden. Dabei die übrig gebliebenen Gemüseabschnitte grob würfeln und zu den Kichererbsen in den Topf geben. Die Zutaten weitere 5–8 Minuten kochen lassen.

5. Restliches Olivenöl in einer Pfanne erhitzen. Restliche Zwiebel- und Knoblauchwürfel darin goldbraun dünsten. Gemüse-Spaghetti hinzugeben und unter vorsichtigem Wenden etwa 2 Minuten zugedeckt mit noch leichtem Biss dünsten.

6. In der Zwischenzeit Basilikum und Petersilie abspülen, trocken tupfen und die Blättchen von den Stängeln zupfen. Blättchen klein schneiden, zu den Gemüse-Spaghetti geben und untermischen. Mit Salz und Pfeffer würzen.

7. Das Lorbeerblatt aus der Suppe nehmen. Die Suppe fein pürieren. Nach Belieben durch ein feines Sieb passieren. Die Suppe mit den Gewürzen abschmecken.

8. Die Suppe in vorgewärmten Suppenschalen oder Bowls verteilen. Die Gemüse-Spaghetti daraufgeben. Mit Chorizoscheiben und Röstzwiebeln garniert servieren.

GEMÜSESUPPE, FRANZÖSISCH (SOUPE AU PISTOU)

Zubereitungszeit: 30 Minuten, ohne Einweichzeit
Garzeit: etwa 60 Minuten
+ Vegetarisch

ZUTATEN FÜR 6 PORTIONEN

75 g getrocknete weiße Bohnen
500 ml Gemüsebrühe
2 Möhren (etwa 200 g)
2 Kartoffeln (etwa 250 g)
1 Stange Lauch (etwa 200 g)
250 g grüne Bohnen
1 kleine Zucchini (150–200 g)
2 Zwiebeln
3 Tomaten
2–3 EL Rapsöl
1 ½ l Gemüsebrühe
Salz, gem. Pfeffer
gerebelter Thymian
3–4 Scheiben Vollkorn-Toastbrot

FÜR DAS PISTOU:

4 Knoblauchzehen
1 EL Tomatenmark
2 EL sehr fein geschnittene Basilikumblätter
2 EL ger. Parmesan
3 EL Olivenöl

PRO PORTION:

E: 10 g, F: 12 g, Kh: 24 g, kcal: 261

1. Zum Vorbereiten am Vorabend die weißen Bohnen in einem kleinen Topf mit 500 ml kaltem Wasser über Nacht quellen lassen.

2. Die Bohnen am nächsten Tag mit dem Einweichwasser und Brühe zum Kochen bringen. Bohnen zugedeckt etwa 60 Minuten garen, dabei die Packungsanleitung beachten.

3. In der Zwischenzeit Möhren putzen. Möhren und Kartoffeln schälen, abspülen, abtropfen lassen und klein würfeln. Lauch putzen, die Stange längs halbieren, gründlich waschen und abtropfen lassen. Lauch in Streifen schneiden.

4. Von den grünen Bohnen die Enden abschneiden, evtl. abfädeln. Die Bohnen abspülen, abtropfen lassen und in Stücke schneiden. Zucchini abspülen, abtrocknen und die Enden abschneiden. Zucchini in kleine Stücke schneiden. Zwiebeln abziehen und fein würfeln.

5. Die Tomaten kreuzweise einschneiden, mit kochendem Wasser übergießen, nach 1–2 Minuten herausnehmen und mit kaltem Wasser abschrecken. Tomaten häuten, halbieren, entkernen, dabei die Stängelansätze herausschneiden. Tomatenhälften würfeln.

6. Rapsöl in einem großen Topf erhitzen. Zwiebelwürfel darin andünsten. Tomatenwürfel kurz mitdünsten. Vorbereitetes Gemüse mit den Kartoffeln hinzufügen. Brühe hinzugießen. Die Zutaten zum Kochen bringen und mit Salz, Pfeffer und Thymian würzen. Die Gemüsesuppe in etwa 15 Minuten gar kochen.

7. In der Zwischenzeit die Toastbrotscheiben würfeln, in einer Pfanne ohne Fett von allen Seiten hellbraun rösten, herausnehmen und abkühlen lassen.

8. Für das Pistou Knoblauch abziehen, durch eine Knoblauchpresse drücken, mit Tomatenmark, Basilikum und Parmesan verrühren. Nach und nach Olivenöl hinzufügen, so lange rühren, bis eine cremige Sauce entstanden ist.

9. Die weißen Bohnen mit der Kochflüssigkeit unter die Suppe rühren, kurz aufkochen lassen. Die Suppe evtl. nochmals mit den Gewürzen abschmecken, mit den Toastbrotwürfeln und dem Pistou servieren.

GEMÜSESUPPE, ITALIENISCH

● Zubereitungszeit: 50 Minuten
Garzeit: etwa 20 Minuten
+ Vegetarisch

ZUTATEN FÜR 4 PORTIONEN

½ Gemüsezwiebel, 1 Knoblauchzehe
250 g Staudensellerie (etwa 4 Stangen)
4 EL Olivenöl
1 l Gemüsebrühe
125 g Spaghetti
125 g TK-Erbsen
2 Tomaten
315 g abgetropfte italienische Bohnenkerne oder weiße Bohnen (aus der Dose)
Salz, gem. Pfeffer
getrocknete, italienische Kräutermischung
evtl. klein geschnittene italienische Kräuter, z. B. Basilikum, Oregano

PRO PORTION:

E: 13 g, F: 11 g, Kh: 42 g, kcal: 332

1. Zwiebel und Knoblauch abziehen, in kleine Würfel schneiden. Staudensellerie putzen, abspülen und abtropfen lassen. Selleriestangen in kleine Stücke schneiden.

2. Olivenöl in einem großen Topf erhitzen. Zwiebel-, Knoblauchwürfel und Selleriestücke darin andünsten. Brühe hinzugießen, zum Kochen bringen und zugedeckt etwa 10 Minuten kochen lassen.

3. Spaghetti einmal durchbrechen, mit den gefrorenen Erbsen in die Brühe geben und noch weitere etwa 10 Minuten unter gelegentlichem Rühren kochen lassen.

4. Tomaten abspülen, trocken tupfen, vierteln, entkernen und die Stängelansätze herausschneiden. Tomaten in Würfel schneiden, zusammen mit den Bohnenkernen oder Bohnen in die Suppe geben und nochmals erhitzen. Mit Salz, Pfeffer und der Kräutermischung würzen.

5. Die Gemüsesuppe in Tellern anrichten, nach Belieben mit den italienischen Kräutern bestreuen und sofort servieren.

GEMÜSESUPPE, KLAR

Zubereitungszeit: 30 Minuten
Garzeit: etwa 15 Minuten
+ Vegan

ZUTATEN FÜR 4 PORTIONEN

375 g Möhren
1 Kohlrabi
50 g Knollensellerie
½ Blumenkohl
1 kleine Stange Lauch
1 l vegane Gemüsebrühe
1 Lorbeerblatt
Salz
gem. Pfeffer
2 EL gehackte Petersilienblättchen

PRO PORTION:

E: 5 g, F: 1 g, Kh: 10 g, kcal: 71

1. Möhren, Kohlrabi und Sellerie putzen, schälen, abspülen und abtropfen lassen. Die Möhren in Scheiben, Kohlrabi und Sellerie in Würfel schneiden.

2. Vom Blumenkohl die Blätter entfernen und den Strunk abschneiden. Den Blumenkohl in kleine Röschen teilen, abspülen und abtropfen lassen.

3. Lauch putzen, die Stange längs halbieren, gründlich waschen, abtropfen lassen und in dünne Streifen schneiden.

4. Die Gemüsebrühe in einem Topf zum Kochen bringen. Das Lorbeerblatt und das Gemüse hinzugeben, das Ganze wieder zum Kochen bringen und zugedeckt in etwa 15 Minuten noch leicht bissfest garen.

5. Das Lorbeerblatt aus der Suppe entfernen. Die Gemüsesuppe mit Salz und Pfeffer abschmecken und mit Petersilie bestreut servieren.

GRAUPENSUPPE

Zubereitungszeit: 30 Minuten
Garzeit: etwa 70 Minuten

ZUTATEN FÜR 4 PORTIONEN

500 g Rindfleisch
3 EL Speiseöl, z. B. Rapsöl
Salz
gem. Pfeffer
1 l Gemüsebrühe
150 g Perlgraupen
1 ½ l kochendes Salzwasser
375 g Kartoffeln
1 Kohlrabi
1 Stange Lauch
1 Stück Knollensellerie
1 Stängel Liebstöckel
1 Msp. gem. Piment
125 g Schlagsahne
etwas ger. Muskatnuss
2 EL gehackte Petersilie

PRO PORTION:

E: 39 g, F: 18 g, Kh: 61 g, kcal: 594

1. Rindfleisch mit Küchenpapier abtupfen und in Würfel schneiden. Speiseöl in einem Topf erhitzen. Die Fleischwürfel von allen Seiten darin anbraten. Mit Salz und Pfeffer würzen. Brühe hinzufügen, zum Kochen bringen und etwa 30 Minuten kochen.

2. Graupen in einer Schüssel mit kochendem Salzwasser übergießen, abtropfen lassen, zum Fleisch geben und weitere etwa 20 Minuten garen.

3. Kartoffeln schälen, abspülen, in Würfel schneiden. Kohlrabi schälen, abspülen, abtropfen lassen, halbieren und in Stifte schneiden. Lauch putzen, die Stange längs halbieren, gründlich abspülen, abtropfen lassen und in Streifen schneiden. Sellerie putzen, schälen, abspülen, abtropfen lassen und in Stifte schneiden.

4. Liebstöckel abspülen, trocken tupfen, mit Kartoffelwürfeln und dem vorbereiteten Gemüse in die Suppe geben, zum Kochen bringen. Mit Salz, Pfeffer und Piment würzen und weitere etwa 20 Minuten garen.

5. Kurz vor dem Servieren Sahne unterrühren. Mit Salz, Pfeffer und Muskatnuss abschmecken, aber nicht mehr kochen lassen.

6. Die Graupensuppe mit Petersilie bestreut servieren.

GRAUPENTOPF MIT HÄHNCHEN

Zubereitung im Schnellkochtopf
Zubereitungszeit: 35 Minuten
Garzeit: etwa 10 Minuten, ohne Ankochzeit

ZUTATEN FÜR 4 PORTIONEN

4 Hähnchenschenkel (je etwa 250 g)
Salz
gem. Pfeffer
½ TL Paprikapulver edelsüß
3 EL Olivenöl
1 ¼ l Hühnerbrühe
250 g Perlgraupen, grob
1 Knoblauchzehe
1 Bund Frühlingszwiebeln
200 g Cocktailtomaten
1 Bund Kerbel oder Petersilie
2–3 EL Zitronensaft

PRO PORTION:

E: 42 g, F: 30 g, Kh: 51 g, kcal: 643

1. Die Hähnchenschenkel mit Küchenpapier abtupfen. Anschließend die Hähnchenschenkel mit Salz, Pfeffer und Paprikapulver würzen.

2. Olivenöl in einem offenen Schnellkochtopf erhitzen und die Hähnchenschenkel darin in 2 Portionen rundherum gut anbraten.

3. Die Hähnchenschenkel aus dem Topf nehmen. Die Hühnerbrühe und Graupen in den Schnellkochtopf geben und gut umrühren. Die Hähnchenschenkel wieder in den Schnellkochtopf geben.

4. Den Schnellkochtopf nach Herstelleranleitung verschließen und erhitzen. Wenn die gewählte Schnellgarstufe erreicht ist, den Graupentopf mit den Hähnchenschenkeln etwa 10 Minuten garen.

5. Inzwischen Knoblauch abziehen und fein würfeln. Frühlingszwiebeln putzen, abspülen, abtropfen lassen und in dünne Scheiben schneiden. Die Tomaten abspülen, abtrocknen und halbieren, evtl. die Stängelansätze herausschneiden.

6. Nach der Garzeit den Schnellkochtopf nach Herstelleranleitung öffnen. Hähnchenschenkel aus dem Topf nehmen, zugedeckt warm stellen.

7. Den Graupentopf mit Salz und Pfeffer würzen. Frühlingszwiebelscheiben, Knoblauchwürfel und die halbierten Cocktailtomaten vorsichtig unterrühren, kurz im offenen Topf miterhitzen.

8. Kerbel oder Petersilie abspülen, trocken tupfen und einige Stängel zum Garnieren beiseitelegen. Von den restlichen Stängeln die Blättchen abzupfen und fein schneiden.

9. Den Graupentopf mit Zitronensaft abschmecken. Graupentopf in tiefen Tellern anrichten, mit Kerbel oder Petersilie bestreuen. Die Hähnchenschenkel darauf anrichten, mit den beiseitegelegten Kräuterstängeln garniert servieren.

HINWEIS:

Die gewählte Schnellgarstufe kann je nach Modell, Hersteller und Alter des Schnellkochtopfes unterschiedlich angezeigt werden.

GRÜNE-BOHNEN-EINTOPF

Zubereitungszeit: 50 Minuten
Garzeit: etwa 60 Minuten

ZUTATEN FÜR 4 PORTIONEN

500 g mageres Rindfleisch (aus der Schulter)
1 Zwiebel
2–3 Stängel Bohnenkraut oder etwas gerebeltes Bohnenkraut
30 g Butterschmalz oder 3 EL Speiseöl
Salz
gem. Pfeffer
500 ml Gemüsebrühe
1 kg grüne Bohnen
500 g vorwiegend festkochende Kartoffeln

PRO PORTION:

E: 33 g, F: 15 g, Kh: 27 g, kcal: 380

1. Rindfleisch mit Küchenpapier trocken tupfen und in etwa 2 cm große Würfel schneiden. Zwiebel abziehen und klein würfeln. Das Bohnenkraut abspülen und trocken tupfen.

2. Das Butterschmalz oder Speiseöl in einem Topf erhitzen. Die Fleischwürfel darin von allen Seiten leicht anbraten. Die Zwiebelwürfel hinzufügen und kurz mit andünsten. Mit Salz und Pfeffer würzen. Bohnenkraut und Gemüsebrühe hinzugeben und zum Kochen bringen. Die Fleischwürfel zugedeckt etwa 40 Minuten bei mittlerer Hitze garen.

3. In der Zwischenzeit von den Bohnen die Enden abschneiden, eventuell abfädeln. Bohnen waschen, abtropfen lassen und in kleine Stücke schneiden oder brechen. Kartoffeln waschen, schälen, abspülen, abtropfen lassen und würfeln.

4. Bohnenstücke und Kartoffelwürfel zu den Fleischwürfeln in den Topf geben, mit Salz und Pfeffer würzen. Die Zutaten wieder zum Kochen bringen. Den Eintopf zugedeckt weitere etwa 20 Minuten garen. Die Bohnenkrautstängel aus dem Eintopf entfernen. Den Eintopf mit Salz und Pfeffer abschmecken.

BEILAGE:

Fladenbrot.

TIPPS:

Der Eintopf ist gefriergeeignet.
Bohnenkraut ist das beste Gewürz für Bohnen. Es hat einen angenehmen, an Thymian oder Minze erinnernden, aber pfefferähnlichen Geruch und Geschmack.

GRÜNKERNTOPF

Zubereitungszeit: 30 Minuten
Garzeit: etwa 30 Minuten
▲ Mit Alkohol

ZUTATEN FÜR 4 PORTIONEN

1 Bund Suppengrün
(Möhre, Knollensellerie, Lauch)
2 Knoblauchzehen
100 g Südtiroler Bauernspeck
2 EL Olivenöl
200 g Grünkern
100 ml trockener Weißwein
2 l kräftige Fleischbrühe
Salz, gem. Pfeffer
400 g Steinpilze
1 Bund glatte Petersilie
2 EL Butter

PRO PORTION:

E: 16 g, F: 23 g, Kh: 37 g, kcal: 436

1. Möhre und Sellerie putzen, schälen, abspülen, abtropfen lassen und in Würfel schneiden. Den Lauch putzen, die Stange längs halbieren, gründlich waschen, abtropfen lassen und in kleine Stücke schneiden. Den Knoblauch abziehen und durch eine Knoblauchpresse drücken. Speck in dünne Streifen schneiden.

2. Olivenöl in einem Topf erhitzen. Möhren-, Selleriewürfel, Lauchstückchen und Knoblauch darin andünsten. Speckstreifen hinzugeben und mitdünsten lassen. Grünkern unterrühren und kurz mit andünsten. Mit Weißwein ablöschen. Die Fleischbrühe hinzugießen. Mit Salz und Pfeffer würzen. Die Zutaten zum Kochen bringen. Den Eintopf etwa 30 Minuten bei mittlerer Hitze garen.

3. In der Zwischenzeit die Steinpilze putzen und mit Küchenpapier abreiben, eventuell kurz abspülen und trocken tupfen. Kleinere Pilze halbieren, größere Pilze in Stücke schneiden. Petersilie abspülen und trocken tupfen. Die Blättchen von den Stängeln zupfen. Blättchen klein schneiden.

4. Butter in einer Pfanne zerlassen. Pilze darin unter Wenden dünsten. Mit Salz und Pfeffer würzen. Petersilie hinzugeben und untermischen.

5. Den Eintopf in tiefen Tellern anrichten. Die Steinpilze darauf verteilen.

GULASCHSUPPE

Zubereitungszeit: 40 Minuten
Garzeit: etwa 55 Minuten

ZUTATEN FÜR 4 PORTIONEN

300 g Rindfleisch (aus der Schulter)
4 EL Speiseöl
1 l Fleischbrühe
200 g Zwiebeln
1 Knoblauchzehe
je 1 gelbe und grüne Paprikaschote (je etwa 200 g)
200 g Tomaten
3 schwach geh. EL Tomatenmark
Salz
gem. Pfeffer
Paprikapulver rosenscharf
½ TL gem. Kümmelsamen
gerebelter Majoran
einige Spritzer Tabasco

PRO PORTION:

E: 18 g, F: 15 g, Kh: 9 g, kcal: 241

1. Rindfleisch mit Küchenpapier trocken tupfen und in 1 ½–2 cm große Würfel schneiden. Das Speiseöl in einem Topf erhitzen. Die Fleischwürfel darin von allen Seiten gut anbraten. Die Fleischbrühe hinzugießen, zum Kochen bringen und zugedeckt etwa 40 Minuten bei mittlerer Hitze kochen.

2. In der Zwischenzeit die Zwiebeln abziehen und in Scheiben schneiden. Den Knoblauch abziehen und klein würfeln. Paprikaschoten halbieren, entstielen, entkernen und die weißen Scheidewände entfernen. Schotenhälften waschen, abtropfen lassen und in Stücke schneiden.

3. Die Tomaten kreuzweise einschneiden, mit kochendem Wasser übergießen, nach 1–2 Minuten herausnehmen und mit kaltem Wasser abschrecken. Tomaten häuten, vierteln und entkernen, dabei die Stängelansätze herausschneiden.

4. Das vorbereitete Gemüse und Tomatenmark in die Suppe geben. Mit Salz, Pfeffer, Paprika, Kümmel und Majoran würzen. Die Suppe wieder zum Kochen bringen und zugedeckt weitere etwa 15 Minuten kochen.

5. Die Suppe mit Salz, Pfeffer, Paprika und Tabasco abschmecken.

TIPPS:

Sie lieben Gulaschsuppe – doch Abwechslung macht auch Spaß? Kein Problem, dann wandeln Sie diese Suppe doch einfach blitzschnell ab. Für eine würzige Gulaschsuppe nach Ungarischer Art, zusätzlich 200 g abgetropftes Sauerkraut (aus der Dose) und 100 g Schlagsahne mit dem Gemüse unter Suppenfond und Fleisch mischen und mitgaren.
Zu einem kompletten, sättigenden Familien-Eintopf wird das Ganze dann, wenn Sie kurz vor dem Servieren noch 600 g gekochte, gepellte Kartoffeln unter die fertige Suppe mischen und alles weitere 2–3 Minuten köcheln lassen. Nach Belieben zusätzlich cremig gerührten Schmand zum Eintopf reichen.
Der Eintopf lässt sich übrigens perfekt bereits 1–2 Tage im Voraus zubereiten und – ohne Kartoffeln – auch problemlos einfrieren.

GURKENCREMESUPPE MIT LACHS

- Zubereitungszeit: 25 Minuten, ohne Einweichzeit
  Garzeit Suppe: 10–15 Minuten
  Garzeit Klößchen: etwa 5 Minuten
- ▲ Mit Alkohol

ZUTATEN FÜR 4 PORTIONEN

2 EL Senfkörner
100 ml Weißwein

150 g gut gekühltes Lachsfilet (ohne Haut und Gräten)
100 g Schlagsahne
Salz
etwas Zitronensaft
etwas Pernod (Anislikör)

2 Salatgurken
1 Gemüsezwiebel (etwa 150 g)
2 EL Butterschmalz
ger. Muskatnuss
Saft von 1 Zitrone
400 ml Fischfond oder Gemüsebrühe
400 g Schlagsahne
2 TL Speisestärke
3 Stängel Dill

PRO PORTION:

E: 14 g, F: 54 g, Kh: 15 g, kcal: 634

1. Zum Vorbereiten die Senfkörner in eine Schale geben, mit Wein übergießen, über Nacht einweichen.

2. Für die Klößchen das Lachsfilet mit Küchenpapier abtupfen. 100 g des Lachsfilets in Würfel schneiden, mit Sahne in einem Zerkleinerer zu einer glatten Masse verarbeiten. Mit Salz, Zitronensaft und etwas Pernod würzen. Restliches Lachsfilet in sehr kleine Würfel schneiden und unter die Lachsmasse heben. Kalt stellen.

3. Gurken abspülen und trocken tupfen. Von 1 Gurke einige dünne Scheiben zum Garnieren abschneiden, halbieren und zugedeckt kalt stellen. Beide Gurken schälen, der Länge nach halbieren und die Kerne mit einem Löffel herausschaben. Gurkenhälften quer in halbe Ringe schneiden. Zwiebel abziehen, halbieren und in kleine Würfel schneiden.

4. Butterschmalz in einem Topf erhitzen. Zwiebelwürfel darin glasig dünsten. Gurkenringe hinzugeben und kurz mit andünsten. Mit Salz, Muskat und Zitronensaft würzen. Eingeweichte Senfkörner mit dem Wein unterrühren. Fond oder Brühe und Sahne hinzugießen.

5. Die Zutaten zum Kochen bringen und 10–15 Minuten bei schwacher Hitze köcheln lassen. Speisestärke mit 2 Esslöffeln kaltem Wasser anrühren, in die kochende Suppe rühren und unter Rühren aufkochen lassen. Suppe warm stellen.

6. Salzwasser in einem Topf zum Kochen bringen. Aus der Lachsmasse mit zwei kalt abgespülten Teelöffeln Klößchen abstechen, in das siedende Salzwasser geben. Klößchen darin etwa 5 Minuten gar ziehen lassen.

7. Dill abspülen und trocken tupfen. Die Spitzen von den Stängeln zupfen. Einige Spitzen zum Garnieren beiseitelegen. Restliche Spitzen klein schneiden. Die Lachsklößchen mit einer Schaumkelle aus dem Salzwasser nehmen und abtropfen lassen.

8. Lachsklößchen in Suppentassen oder -tellern verteilen und mit der Suppe auffüllen, mit geschnittenem Dill bestreuen. Die Suppe mit den kalt gestellten Gurkenscheiben und den beiseitegelegten Dillspitzen garnieren. Gurkencremesuppe sofort servieren.

HELGOLÄNDER FISCHERTOPF

● Zubereitungszeit: 30 Minuten
Garzeit: etwa 20 Minuten
▲ Mit Alkohol

ZUTATEN FÜR 4 PORTIONEN

4 Schalotten
1 kg festkochende Kartoffeln
2 EL Butter
Krebspaste für 2 l Flüssigkeit
1 Salatgurke
200 g Lachswürfel
200 g Miesmuschelfleisch
200 g Nordseekrabbenfleisch
evtl. Weinbrand
Salz
gem. Pfeffer
125 g Crème fraîche
1 Bund Dill

PRO PORTION:

E: 30 g, F: 28 g, Kh: 39 g, kcal: 532

1. Schalotten abziehen, zuerst in Scheiben schneiden, dann in Ringe teilen. Die Kartoffeln waschen, schälen, abspülen, abtropfen lassen und in 2 cm große Würfel schneiden.

2. Die Butter in einem Topf zerlassen. Schalottenringe darin glasig dünsten. Kartoffelwürfel hinzugeben und kurz mit andünsten. 2 Liter Wasser hinzugießen und zum Kochen bringen. Krebspaste unterrühren. Die Flüssigkeit damit leicht binden. Die Kartoffelwürfel zugedeckt etwa 20 Minuten garen.

3. Salatgurke schälen, längs halbieren und mit einem Teelöffel die Kerne herauskratzen. Die Gurkenhälften in mundgerechte Stücke schneiden und kurz vor Ende der Garzeit in den Eintopf geben.

4. Lachswürfel, Miesmuscheln und Nordseekrabbenfleisch in den Eintopf geben (den Eintopf nicht mehr kochen lassen, die Krabben werden sonst hart).

5. Den Eintopf erhitzen, dabei möglichst wenig umrühren. Den Eintopf nach Belieben mit etwas Weinbrand, Salz und Pfeffer abschmecken.

6. Crème fraîche mit Salz und Pfeffer glatt rühren. Dill abspülen und trocken tupfen. Die Blättchen von den Stängeln zupfen. Blättchen klein schneiden. Den Eintopf mit Dill bestreut servieren. Crème fraîche dazureichen.

BEILAGE:

Geröstetes Brot

TIPPS:

Für diesen feinen Eintopf eignen sich auch Filetstücke von anderen, festfleischigen und nicht zu fettreichen Fischarten wie zum Beispiel Seelachs, Lengfisch oder Seeteufel oder Süßwasserfische wie Zander oder Wels.
Das zarte Fleisch von in der Nordsee gefangenen kleinen Krabben aus dem Wattenmeer (auch Granat oder Krevette genannt) ist eine besondere Spezialität, die diesem Fischtopf das feine Aroma verleiht, leider aber auch ihren Preis hat. Alternativ können auch andere Garnelen (z. B. TK) im Eintopf mitgegart werden. Achten Sie dabei auf Qualität aus nachhaltigem Fischfang, bzw. aus verantwortungsvoller Öko-Aquakultur.

HOCHZEITSSUPPE

Zubereitungszeit: 90 Minuten
Garzeit: etwa 2 Stunden

ZUTATEN FÜR 12 PORTIONEN

2 Bund Suppengrün
(Sellerie, Möhren, Lauch)
2 Zwiebeln
1 großes, küchenfertiges Suppenhuhn
(etwa 2 kg)
2 TL Salz

FÜR DEN EIERSTICH:

6 Eier (Größe M)
375 ml kalte Milch
Salz
ger. Muskatnuss
1 ½ kg weißer Spargel
1 TL Zucker

FÜR DIE HACKKLÖSSCHEN:

375 g Gehacktes
(halb Rind-, halb Schweinefleisch)
gem. Pfeffer

150 g Suppennudeln
1–2 Bund glatte Petersilie

PRO PORTION:

E: 30 g, F: 25 g, Kh: 14 g, kcal: 399

1. Suppengrün putzen, abspülen, abtropfen lassen und in grobe Würfel schneiden. Zwiebeln abziehen.

2. 3–3 ½ Liter Wasser in einem großen Topf zum Kochen bringen. Das Suppenhuhn innen und außen mit Küchenpapier abtupfen und in das kochende Wasser geben. Salz hinzufügen. Das Ganze nochmals kurz aufkochen und abschäumen.

3. Das vorbereitete Suppengrün und die Zwiebeln in die Brühe geben. Das Huhn etwa 2 Stunden bei schwacher Hitze gar kochen.

4. In der Zwischenzeit den Eierstich zubereiten, dafür Eier mit Milch, Salz und Muskat verschlagen. Die Eiermilch in eine gefettete, hitzebeständige, verschließbare Form füllen. Die Form verschließen, in einen weiten, hohen Topf stellen und so viel heißes Wasser angießen, bis die Form halb im Wasser steht. Den Topf verschließen und die Eiermilch bei schwacher Hitze 25–30 Minuten stocken lassen. Anschließend den Eierstich aus der Form lösen, stürzen und etwas abkühlen lassen. Den Eierstich nach Belieben in Würfel schneiden.

5. Den Spargel von oben nach unten schälen. Darauf achten, dass die Schalen vollständig entfernt, die Köpfe aber nicht verletzt werden (holzige Stellen vollständig entfernen). Spargel abspülen, abtropfen lassen und in Stücke schneiden. 500 ml Salzwasser und Zucker in einem Topf zum Kochen bringen. Die Spargelstücke darin etwa 12 Minuten garen. Anschließend die Spargelstücke in einem Sieb abtropfen lassen, dabei die Spargelflüssigkeit auffangen. Die Spargelstücke beiseitestellen.

6. Für die Hackklößchen das Gehackte mit Salz und Pfeffer würzen. Aus der Masse mit angefeuchteten Händen kirschgroße Klößchen formen. Die Hackklößchen in leicht kochendem Salzwasser in etwa 15 Minuten gar ziehen lassen. Danach die Hackklößchen mit einer Schaumkelle herausnehmen und beiseitestellen.

7. Die Suppennudeln in einem kleinen Topf in kochendem Salzwasser nach Packungsanleitung garen. Anschließend die Nudeln in ein Sieb geben, mit heißem Wasser abspülen, gut abtropfen lassen und beiseitestellen.

8. Das gare Suppenhuhn aus der Brühe nehmen. Die Brühe durch ein feines Sieb in einen großen Topf gießen. Die Brühe evtl. entfetten. Das aufgefangene Spargelwasser in die Brühe geben.

9. Eierstich, Spargelstücke, Hackklößchen und Suppennudeln in die Brühe geben und erhitzen. Die Suppe mit Salz und Pfeffer abschmecken.

10. Petersilie abspülen, trocken tupfen. Die Blättchen von den Stängeln zupfen. Blättchen klein schneiden.

11. Die Suppe in Teller oder in eine große Suppenterrine füllen und mit Petersilie bestreut servieren.

TIPPS:

Hühnerfleisch von den Knochen lösen, die Haut entfernen und das Fleisch in kleine Stücke geschnitten mit der Suppe erhitzen. Oder Sie bereiten daraus ein Hühnerfrikassee oder einen Geflügelsalat zu.
Die Suppenterrine oder die Teller zum Servieren vorwärmen, damit die Suppe nicht zu schnell auskühlt.
Sehr lecker schmeckt es auch, wenn Sie zusätzlich noch etwa 150 g junge Erbsen mit in die Suppe geben.

HOLUNDERSUPPE MIT HONIG-BANANE

● Zubereitungszeit: 20 Minuten
+ Vegetarisch

ZUTATEN FÜR 4 PORTIONEN

200 ml Apfelsaft
35 g Speisestärke
600 ml Holundersaft (100 % Direktsaft aus 1. Pressung/Muttersaft; z. B. aus dem Naturkostladen oder Reformhaus)
5 EL Zitronensaft
50–60 g Zucker

150 g Brioche oder Milch-Weizenbrötchen
5 EL Butter

4 kleine Bananen (je etwa 100 g)
1 ½ EL flüssiger Honig

evtl. einige Minzeblättchen

PRO PORTION:

E: 7 g, F: 18 g, Kh: 76 g, kcal: 515

1. Von dem Apfelsaft 6 Esslöffel abnehmen und mit Speisestärke anrühren. Restlichen Apfelsaft mit Holundersaft und 2–3 Esslöffeln Zitronensaft in einem Topf erhitzen. Zucker unterrühren.

2. In der Zwischenzeit Brioche oder Brötchen in Scheiben schneiden. 4 Esslöffel Butter portionsweise in einer großen Pfanne zerlassen. Die Brioche- oder Brötchenscheiben darin von beiden Seiten goldbraun braten, herausnehmen und auf Küchenpapier kurz abtropfen lassen.

3. Angerührte Speisestärke in den heißen Saft rühren, unter Rühren bei schwacher Hitze zum Kochen bringen und kurz kochen lassen.

4. Bananen schälen und längs halbieren. Restliche Butter in der Pfanne zerlassen. Die Bananenscheiben darin von beiden Seiten goldbraun anbraten. Restlichen Zitronensaft und Honig darauftráufeln und kurz durchschwenken.

5. Die Holundersuppe in vorgewärmten Suppentellern oder -schüsseln verteilen. Die Brioche- oder Brötchenscheiben und die Honigbananen dazu anrichten. Nach Belieben mit abgespülten, trocken getupften Minzeblättchen garnieren und sofort servieren.

TIPPS:

Holundersaft lässt sich auch leicht selber machen. Dafür 1 kg frische, reife Holunderbeer-Dolden gründlich waschen, abtropfen lassen und von den Dolden streifen. Beeren mit 400 ml Wasser in einem hohen Topf bei schwacher Hitze zum Kochen bringen und zugedeckt etwa 20 Minuten leicht kochen lassen. Die Beerenmasse durch ein mit einem Passiertuch ausgelegtes Sieb in einem anderen Topf abtropfen lassen. Den Holundersaft mit 150–200 g Zucker und Saft von ½ Zitrone nochmals kurz kochen lassen. Den Saft sofort in sterilisierte Flaschen abfüllen und fest verschließen. Erkalten lassen. Hält sich gekühlt und dunkel gelagert etwa 2 Monate.
Wird dieser, bereits gesüßte Saft für die Suppe verwendet, keinen zusätzlichen Zucker hinzugeben. Den Holundersaft nach Belieben mit Apfelsaft verdünnen, dann mit evtl. etwas Zucker oder Honig nachsüßen.

HÜHNERBRÜHE

Zubereitungszeit: 30 Minuten
Garzeit: 1 1/2–2 Stunden

ZUTATEN FÜR 6–8 PORTIONEN

1 küchenfertiges Suppenhuhn (etwa 1 ½ kg, ohne Innereien)
1 EL Salz
1 Bund Suppengrün (Möhre, Lauch, Sellerie)
1 Knoblauchzehe
10 weiße Pfefferkörner
2 Lorbeerblätter
1 Kräutersträußchen, z. B. 3 Stängel Petersilie, 2–3 Stängel Thymian

PRO PORTION:

E: 34 g, F: 8 g, Kh: 0 g, kcal: 212

1. Das Suppenhuhn innen und außen mit Küchenpapier abtupfen, mit 2–3 Litern kaltem Wasser in einen Topf geben und zum Kochen bringen. Den Schaum mit dem Schaumlöffel abschöpfen. Salz in den Topf geben. Das Huhn etwa 1 Stunde bei mittlerer Hitze köcheln lassen, wenn nötig, etwas Wasser nachgießen.

2. Das Suppengrün putzen, schälen, abspülen, abtropfen lassen und grob zerschneiden. Knoblauch abziehen und mit dem Suppengrün, den Pfefferkörnern und den Lorbeerblättern zum Huhn in den Topf geben. Dann das Ganze weitere ½–1 Stunde köcheln lassen.

3. Etwa 15 Minuten vor Ende der Garzeit das Kräutersträußchen abspülen, in den Topf geben und mit der Brühe ziehen lassen.

4. Dann das Huhn aus der Brühe nehmen und abtropfen lassen. Die Brühe durch ein feines Sieb gießen.

TIPPS:

Wenn Sie das Huhn in kaltem Wasser aufsetzen, laugt es stärker aus. Der Geschmack der Brühe wird kräftiger.
Möchten Sie das Fleisch weiterverwenden, geben Sie es erst in das kochende Wasser. So bleibt es schön saftig.

REZEPTVARIANTE:

Für eine **Hühnersuppe** (siehe Foto) für die Einlage das gekochte Huhn enthäuten, das Fleisch von den Knochen lösen und klein schneiden.
1–2 Möhren putzen, schälen, abspülen, abtropfen lassen und in dünne Scheiben schneiden.
1 Lauchstange putzen, von den äußeren Blättern befreien. Das Wurzelende und dunkles Grün abschneiden. Die Lauchstange längs halbieren, gründlich waschen und abtropfen lassen. Lauch in kleine Stücke schneiden. 100 g Zuckerschoten putzen, abspülen, abtropfen lassen und in Stücke schneiden. Das Gemüse etwa 10 Minuten in der Brühe garen. Das klein geschnittene Hühnerfleisch hinzugeben und miterhitzen. Die Hühnersuppe mit 1 Esslöffel fein geschnittener Petersilie bestreut servieren.

IRISH STEW

Zubereitungszeit: 30 Minuten
Garzeit: etwa 60 Minuten

ZUTATEN FÜR 4 PORTIONEN

1 kg Lammschulter (mit Knochen)
Salz
gem. Pfeffer
650 g Wirsing
600 g mehligkochende Kartoffeln
375 g Zwiebeln
375 ml Fleischbrühe
einige Stängel Thymian

PRO PORTION:

E: 39 g, F: 12 g, Kh: 25 g, kcal: 369

1. Die Lammschulter mit Küchenpapier trocken tupfen. Die Lammschulter von den Knochen lösen und das Fett sorgfältig abschneiden. Lammschulter (etwa 650 g) in etwa 2 cm große Würfel schneiden. Mit Salz und Pfeffer würzen.

2. Von dem Wirsing die äußeren welken Blätter entfernen. Dann den Wirsing vierteln und den Strunk herausschneiden. Die Wirsingviertel in dünne Streifen schneiden, abspülen und abtropfen lassen. Kartoffeln waschen, schälen, abspülen, abtropfen lassen und in dünne Scheiben schneiden. Zwiebeln abziehen, halbieren und in Streifen schneiden.

3. Zunächst nacheinander jeweils die Hälfte der Wirsing- und Zwiebelstreifen sowie der Kartoffelscheiben in einen großen Topf schichten. Dabei jede Schicht mit Salz und Pfeffer würzen. Die Lammfleischwürfel darauf verteilen. Restliche Zutaten in umgekehrter Reihenfolge einschichten. Dabei ebenfalls jede Schicht mit Salz und Pfeffer würzen.

4. Fleischbrühe hinzugießen und zum Kochen bringen. Irish Stew zugedeckt etwa 60 Minuten bei schwacher bis mittlerer Hitze garen.

5. Irish Stew nach Ende der Garzeit umrühren. Mit Salz und Pfeffer abschmecken. Thymian abspülen und trocken tupfen. Irish Stew mit Thymian in Tellern anrichten.

JAPANISCHER TOFU-EINTOPF

Zubereitungszeit: 25 Minuten
Garzeit: etwa 5 Minuten
+ Vegetarisch

ZUTATEN FÜR 4 PORTIONEN

4 EL Weißweinessig
300 g Schwarzwurzeln
200 g Möhren
200 g vorwiegend festkochende Kartoffeln
200 g weißer Rettich (ersatzweise Knollensellerie oder Petersilienwurzel)
800 ml Gemüsebrühe
1 Bund Frühlingszwiebeln
300 g Shiitakepilze
400 g Tofu
2 EL Sesamöl
2 EL Sojasauce
Cayennepfeffer

PRO PORTION:

E: 21 g, F: 15 g, Kh: 23 g, kcal: 298

1. Ein Liter Wasser und Essig in einer Schüssel verrühren. Die Schwarzwurzeln unter fließendem kalten Wasser gründlich abbürsten, dünn schälen, abspülen und abtropfen lassen. Schwarzwurzeln zuerst in etwa 3 cm lange Stücke, dann in dünne Stifte schneiden. Schwarzwurzeln sofort in das Essigwasser legen, damit sie weiß bleiben.

2. Möhren putzen, schälen, abspülen und abtropfen lassen. Kartoffeln schälen, abspülen und abtropfen lassen. Rettich (Sellerie bzw. Petersilienwurzel) putzen, schälen, abspülen und abtropfen lassen. Möhren, Kartoffeln und Rettich längs vierteln, dann in dünne Scheiben schneiden. Schwarzwurzeln in ein Sieb geben und abtropfen lassen.

3. Gemüsebrühe in einem Topf zum Kochen bringen. Vorbereitetes Gemüse hinzugeben und wieder zum Kochen bringen. Den Eintopf zugedeckt etwa 5 Minuten bei schwacher Hitze kochen lassen.

4. In der Zwischenzeit die Frühlingszwiebeln putzen, waschen, abtropfen lassen und in 1 cm große Scheiben schneiden. Shiitakepilze mit Küchenpapier abreiben, eventuell kurz abspülen und trocken tupfen. Von den Shiitakepilzen die Stiele herausdrehen oder abschneiden. Die Pilzköpfe in feine Streifen schneiden. Tofu in Würfel schneiden.

5. Frühlingszwiebelscheiben, Pilzstreifen und Tofuwürfel in den Eintopf geben und kurz aufkochen lassen. Den Eintopf mit Sesamöl, Sojasauce und Cayennepfeffer abschmecken. Den Eintopf in 4 Suppentassen füllen und sofort servieren.

TIPPS:

Shiitakepilze wachsen zwar ganzjährig, sind aber nicht immer im Handel erhältlich. Sie können ersatzweise auch Champignons verwenden. Frische Schwarzwurzeln werden nur von Oktober bis März angeboten. Sie können auch Schwarzwurzeln aus dem Glas verwenden. Dann die Schwarzwurzeln in einem Sieb abtropfen lassen. Schwarzwurzeln je nach Größe quer durchschneiden, mit den Gemüsezutaten in die kochende Brühe geben und mitgaren lassen.

ABWANDLUNG:

Für einen grünen, japanischen Tofu-Eintopf mit Pilzen (4 Portionen) das angegebene Gemüse durch je 200 g Zuckerschoten, Staudensellerie, grüne Paprikaschote und Zucchini ersetzen.

JOGHURT-REFRESHING-SOUP

● Zubereitungszeit: 15 Minuten, ohne evtl. Kühlzeit
+ Vegetarisch

ZUTATEN FÜR 4 PORTIONEN

1–2 Knoblauchzehen
Salz
1 kg Naturjoghurt (nach Wahl griechischer oder türkischer Joghurt 10 % Fett; alternativ Joghurt 3,5 % Fett)
300 ml kräftige Gemüsebrühe (z. B. Instant, gut gekühlt)
4 EL mildes Olivenöl
gem. Pfeffer

2–3 Stängel frische Pfefferminze
½ Charentais-Melone (alternativ eine andere Zuckermelonen-Sorte, 350 g Fruchtfleisch)
1 TL flüssiger Honig
evtl. 1 EL Zitronensaft
1 große, feste Zitrone
2 EL Zucker

PRO PORTION:

E: 10 g, F: 37 g, Kh: 30 g, kcal: 493

1. Knoblauch abziehen, fein würfeln und mit etwas Salz auf einem Küchenbrett mischen, kurz ziehen lassen. Dann den Knoblauch-Salz-Mix mit einem Messer fein zerreiben.

2. Joghurt, Knoblauch-Salz-Mix, Brühe und Olivenöl in einen Mixer oder eine große, hohe Schüssel geben und zu einer glatten Masse verrühren. Mit Salz und Pfeffer würzen. Die Suppe nach Belieben bis zum Servieren etwa 2 Stunden in den Kühlschrank stellen.

3. Pfefferminze abspülen, trocken tupfen und die Blättchen von den Stängeln zupfen. Blättchen in Streifen schneiden. Die Melonenhälfte entkernen und in Spalten schneiden. Melonenspalten schälen und das Fruchtfleisch fein würfeln, mit den Minzestreifen und Honig (je nach Süße der Melone zusätzlich mit 1 Esslöffel Zitronensaft) mischen.

4. Zitrone so dick schälen, dass die weiße Haut mitentfernt wird. Die Zitronenfilets zwischen den Trennhäuten herausschneiden. Trennhäute ausdrücken, dabei den abtropfenden Saft auffangen.

5. Zucker in einer kleinen Pfanne bei mittlerer Hitze goldgelb karamellisieren. Die Zitronenfilets hinzugeben und alles gründlich durchschwenken, bis sich der Karamell gelöst hat.

6. Den Zitronen-Karamell-Sirup (ohne Zitronen-Fruchtfleisch) unter die Joghurt-Soup mixen. Suppe nochmals mit Salz und Pfeffer abschmecken.

7. Joghurt-Soup mit Melonen-Topping und karamellisierten Zitronenstücken anrichten.

BEILAGE:

Geröstetes Fladenbrot.

JOGHURTSUPPE MIT ARTISCHOCKEN

Zubereitungszeit: 15 Minuten, ohne Kühlzeit
+ Vegetarisch

ZUTATEN FÜR 4 PORTIONEN

FÜR DIE SUPPE:

1 Salatgurke
700 g Joghurt (3,5 % Fett)
300 ml kalte Gemüsebrühe
Salz
gem. Pfeffer
1–2 EL Zitronensaft
1 Prise brauner Zucker
4 EL Olivenöl
1 Knoblauchzehe
480 g gut abgetropfte Artischockenherzen (aus Dosen)
je 4–5 Stängel frischer Dill, Minze und etwas Borretsch (ersatzweise 2–3 EL TK-Gemischte Kräuter)
2 Tomaten

PRO PORTION:

E: 11 g, F: 17 g, Kh: 14 g, kcal: 260

1. Für die Suppe Gurke schälen und die Enden abschneiden. Gurke grob würfeln, in einen hohen Rührbecher geben und mit einem Pürierstab fein pürieren.

2. Gurkenpüree in eine hohe Schüssel geben. Zunächst Joghurt unterrühren und glatt rühren. Anschließend Brühe hinzugeben und mit einem Schneebesen sorgfältig verrühren. Joghurtsuppe mit Salz, Pfeffer, Zitronensaft, Zucker und 2 Esslöffeln Olivenöl abschmecken. Die Suppe zugedeckt in den Kühlschrank stellen.

3. Knoblauch abziehen und in feine Scheiben schneiden. Artischockenherzen halbieren.

4. Restliches Olivenöl in einer Pfanne erhitzen. Artischockenhälften und Knoblauchscheiben darin unter Wenden kräftig anbraten. Mit Salz und Pfeffer würzen, beiseitestellen.

5. Kräuter abspülen und trocken tupfen. Die Blättchen von den Stängeln zupfen. Blättchen klein schneiden. Tomaten abspülen, abtrocknen und die Stängelansätze herausschneiden. Tomaten halbieren und in etwa ½ cm große Würfel scheiden. Tomatenwürfel beiseitestellen.

6. Kräuter in die Suppe geben und unterrühren. Die Suppe mit Salz und Pfeffer abschmecken.

7. Die Joghurtsuppe in tiefen Tellern verteilen. Lauwarme Artischockenherzen und Tomatenwürfel in die Suppe geben und servieren.

BEILAGE:

Fladenbrot.

TIPPS:

Statt der Artischocken schmecken auch gebratene Kartoffelspalten sehr gut in der Suppe. Dafür 400 g kleine Kartoffeln schälen, abspülen, abtropfen lassen, in Spalten schneiden. Kartoffelspalten in einer Pfanne mit 1 Esslöffel Olivenöl zugedeckt etwa 15 Minuten braten.
Borretsch schmeckt sehr intensiv, dosieren Sie ihn vorsichtig. Die blauen Borretschblüten wirken als zusätzliche Garnierung in der Suppe sehr schön. Mögen Sie den Geschmack von Borretsch nicht so gern, können Sie ihn einfach weglassen.

KANINCHENEINTOPF

Zubereitungszeit: 30 Minuten
Garzeit: etwa 90 Minuten

ZUTATEN FÜR 4 PORTIONEN

1 kg Kaninchenteile (z. B. Brust, Läufe, Keule)
Salz, gem. Pfeffer
3 EL Olivenöl
2 Zwiebeln, 60 g Schinkenwürfel
1 EL Tomatenmark
700 ml Geflügelbrühe
½ TL getrocknete Rosmarinnadeln
3–4 Pimentkörner
2 Gewürznelken
150 g Knollensellerie
200 g Möhren
250 g festkochende Kartoffeln
80 g entsteinte Backpflaumen

PRO PORTION:

E: 50 g, F: 14 g, Kh: 24 g, kcal: 427

1. Die Kaninchenteile mit Küchenpapier abtupfen, evtl. enthäuten, mit Salz und Pfeffer würzen.

2. Olivenöl in einem Topf oder Bräter erhitzen. Die Kaninchenteile darin von allen Seiten anbraten. Die Zwiebeln abziehen und in Würfel schneiden. Zwiebel- und Schinkenwürfel hinzugeben und mit anbraten. Das Tomatenmark unterrühren.

3. Die Brühe hinzugießen und alles aufkochen. Rosmarinnadeln, Pimentkörner und Gewürznelken unterrühren. Kaninchenteile zugedeckt bei mittlerer Hitze etwa 1 Stunde köcheln lassen.

4. In der Zwischenzeit Sellerie und Möhren putzen. Sellerie, Möhren und Kartoffeln schälen, abspülen, abtropfen lassen und in 1 cm große Würfel schneiden.

5. Die Kaninchenteile aus der Brühe nehmen. Das Fleisch von den Knochen lösen und klein schneiden.

6. Die Fleischstücke zusammen mit den Sellerie-, Möhren- und Kartoffelwürfeln wieder in die Brühe geben. Die Zutaten zugedeckt bei mittlerer Hitze weitere etwa 30 Minuten köcheln lassen, dabei ab und zu umrühren.

7. Die Backpflaumen vierteln, in den Eintopf geben und kurz heiß werden lassen. Den Eintopf mit Salz und Pfeffer abschmecken und servieren.

KARIBISCHER KOKOS-FISCH-TOPF

Zubereitungszeit: 30 Minuten
Garzeit: etwa 10 Minuten

ZUTATEN FÜR 4 PORTIONEN

1 Bund Frühlingszwiebeln
2 Knoblauchzehen
2 grüne Chilischoten
1 walnussgroßes Stück Ingwerwurzel
2 feste Kochbananen
1 Mini-Ananas
1 rote Paprikaschote
2 EL Erdnussöl
1 TL Kurkuma (Gelbwurz)
600 ml Kokosmilch
200 ml Gemüsebrühe
12 Garnelenschwänze (mit Schale)
600 g Red-Snapper-Filet
1 Bund Koriander oder Minze

PRO PORTION:

E: 42 g, F: 34 g, Kh: 27 g, kcal: 597

1. Frühlingszwiebeln putzen, waschen und abtropfen lassen. Das zarte Grün in feine Scheiben schneiden. Die weißen Zwiebeln in Stücke schneiden. Knoblauch abziehen und in kleine Würfel schneiden.

2. Chilischoten halbieren, entstielen und entkernen. Schotenhälften abspülen, trocken tupfen und in sehr kleine Würfel schneiden. Ingwer schälen und fein reiben.

3. Die Bananen schälen, in etwa 2 cm dicke Scheiben schneiden. Von der Ananas Blatt- und Strunkende entfernen. Ananas vierteln und den mittleren Strunk herausschneiden. Das Ananasfruchtfleisch in mundgerechte Stücke schneiden.

4. Paprikaschote halbieren, entstielen, entkernen und die weißen Scheidewände entfernen. Die Schotenhälften waschen, abtropfen lassen und in mundgerechte Stücke schneiden.

5. Erdnussöl in einem Topf erhitzen. Frühlingszwiebelscheiben, -stücke, Knoblauch-, Chiliwürfel und Ingwer darin andünsten. Mit Kurkuma bestreuen und kurz mitdünsten lassen. Kokosmilch und Brühe hinzugießen. Bananenscheiben, Ananas- und Paprikastücke hinzugeben, zum Kochen bringen und zugedeckt etwa 5 Minuten bei schwacher Hitze kochen lassen.

6. Garnelenschwänze und Fischfilet mit Küchenpapier abtupfen. Fischfilet in Stücke schneiden.

7. Die Garnelenschwänze in den Eintopf geben und etwa 3 Minuten ziehen lassen. Anschließend die Fischfiletstücke hinzugeben und weitere etwa 3 Minuten ziehen lassen.

8. Koriander oder Minze abspülen und trocken tupfen. Die Blättchen von den Stängeln zupfen, klein schneiden. Den Kokos-Fisch-Topf mit Koriander oder Minze bestreut servieren.

KARTOFFELGULASCH

Zubereitungszeit: 60 Minuten
Garzeit: etwa 90 Minuten

ZUTATEN FÜR 6–8 PORTIONEN

1 kg Rindergulasch (etwa 4 cm große Würfel)
Salz
gem. Pfeffer
2–3 EL Speiseöl
800 g Zwiebeln
2 TL Paprikapulver rosenscharf
800 g große, festkochende Kartoffeln
je 2 rote und gelbe Paprikaschoten
2 TL Kümmelsamen
2 EL Butter
1 Bio-Zitrone
(unbehandelt, ungewachst)
2 Knoblauchzehen
1 Bund Schnittlauch
150 g Crème fraîche

PRO PORTION:

E: 34 g, F: 23 g, Kh: 26 g, kcal: 459

1. Gulasch mit Salz und Pfeffer würzen. Speiseöl in einem großen Topf erhitzen. Gulasch darin eventuell in 2 Portionen von allen Seiten leicht anbraten.

2. Die Zwiebeln abziehen, in Würfel schneiden, zum Gulasch geben und mit anschwitzen. Mit Paprika bestäuben. So viel kaltes Wasser hinzugießen, dass das Fleisch bedeckt ist. Die Zutaten zum Kochen bringen. Gulasch zugedeckt etwa 60 Minuten bei mittlerer Hitze garen.

3. Die Kartoffeln schälen, abspülen, abtropfen lassen und in etwa 2 cm große Würfel schneiden. Paprikaschoten halbieren, entstielen, entkernen und die weißen Scheidewände entfernen. Schotenhälften waschen, abtropfen lassen und ebenfalls in etwa 2 cm große Würfel schneiden. Kartoffel- und Paprikawürfel zum Gulasch geben, wieder zum Kochen bringen und zugedeckt weitere etwa 30 Minuten garen. Eventuell etwas Wasser hinzugießen.

4. Kümmel klein hacken. Die Butter unterarbeiten. Zitrone heiß abwaschen, abtrocknen und die Schale abreiben. Knoblauch abziehen und durch eine Knoblauchpresse drücken. Zitronenschale und Knoblauch unter die Kümmelbutter geben.

5. Kartoffelgulasch mit der Würzbutter pikant abschmecken. Schnittlauch abspülen, trocken tupfen und in Röllchen schneiden. Kartoffelgulasch anrichten und servieren. Crème fraîche mit Schnittlauchröllchen verrührt dazureichen.

KARTOFFEL-KOKOS-SUPPE MIT HÄHNCHEN

Zubereitungszeit: 25 Minuten
Garzeit: etwa 20 Minuten

ZUTATEN FÜR 4 PORTIONEN

5 Stängel Zitronengras
(erhältlich im Asialaden)
200 g Kartoffeln
20 g Ingwerwurzel
1 EL Speiseöl
500 ml Hühnerbrühe
400 ml Kokosmilch (aus der Dose)
250 g Hähnchenbrustfilet
1 EL Speiseöl
Salz, gem. Pfeffer
etwas Zitronensaft

PRO PORTION:

E: 10 g, F: 20 g, Kh: 9 g, kcal: 279

1. Zitronengrasstängel putzen, zuerst quer halbieren, dann der Länge nach durchschneiden. Die Zitronengrasstücke abspülen, trocken tupfen und etwas flach klopfen, damit sich das Aroma besser entfalten kann. 4 Zitronengrasstängelstücke zum Garnieren beiseitelegen.

2. Kartoffeln waschen, schälen, abspülen, abtropfen lassen und in Würfel schneiden. Ingwer schälen und klein schneiden.

3. Das Speiseöl in einem Topf erhitzen. Zitronengrasstücke, Kartoffelwürfel und Ingwerstückchen darin andünsten. Mit Brühe ablöschen, Kokosmilch hinzugießen. Die Zutaten zum Kochen bringen und zugedeckt etwa 20 Minuten bei schwacher Hitze kochen lassen.

4. Hähnchenbrustfilet mit Küchenpapier abtupfen und in etwa 2 cm große Würfel schneiden. Speiseöl in einer Pfanne erhitzen. Hähnchenbrustfiletwürfel darin von allen Seiten anbraten. Mit Salz, Pfeffer und etwas Zitronensaft würzen.

5. Dann die mitgegarten Zitronengrasstücke mit einem Schaumlöffel aus der Suppe nehmen. Die Suppe fein pürieren. Mit Salz und Pfeffer abschmecken.

6. Hähnchenbrustfiletwürfel hinzugeben und in der Suppe erhitzen. Beiseitegelegte Zitronengrasstängelstücke zerteilen. Die Suppe damit garnieren.

KARTOFFEL-MÖHREN-SUPPE MIT ERDNUSSCREME

Zubereitungszeit: 20 Minuten
Garzeit: etwa 17 Minuten

ZUTATEN FÜR 4 PORTIONEN

1 Zwiebel
1 Knoblauchzehe
500 g Möhren
500 g mehligkochende Kartoffeln
2 EL neutrales Speiseöl, z. B. Rapsöl
2 EL Erdnusscreme (aus dem Glas)
Salz
gem. Pfeffer
grob geschrotete Chiliflocken oder Cayennepfeffer
1 l heiße Gemüse- oder Geflügelbrühe
350 g Lauch
1 Bund frischer Koriander oder 4–5 Stängel glatte Petersilie
200 g geräucherter Putenbrustaufschnitt oder gebratene Putenbruststreifen (aus dem Kühlregal)

PRO PORTION:

E: 19 g, F: 12 g, Kh: 29 g, kcal: 303

1. Für die Suppe Zwiebel und Knoblauch abziehen, grob würfeln. Möhren und Kartoffeln schälen, abspülen und abtropfen lassen. Möhren in Scheiben und Kartoffeln in etwa 2 cm große Würfel schneiden.

2. Speiseöl in einem Topf erhitzen. Zwiebel- und Knoblauchwürfel darin glasig dünsten. Möhrenscheiben hinzugeben, mit andünsten. Erdnusscreme hinzugeben und unterrühren. Mit Salz, Pfeffer und Chiliflocken oder Cayennepfeffer würzen. Heiße Brühe hinzugießen, zum Kochen bringen und bei schwacher Hitze etwa 5 Minuten kochen lassen.

3. In der Zwischenzeit Lauch putzen, die Stangen längs halbieren, gründlich waschen, abtropfen lassen und in Streifen schneiden. Kartoffelwürfel und Lauchstreifen in die Suppe geben und wieder zum Kochen bringen. Die Suppe weitere etwa 12 Minuten unter gelegentlichem Umrühren kochen lassen.

4. Koriander oder Petersilie abspülen und trocken tupfen. Die Blättchen von den Stängeln zupfen. Einige Blättchen zum Garnieren beiseitelegen. Putenbrust in Streifen schneiden.

5. Die Suppe mit Salz und Pfeffer abschmecken. Putenbruststreifen und Koriander oder Petersilie hinzugeben. Nach Belieben noch etwas Erdnusscreme unterrühren.

6. Die Kartoffel-Möhren-Suppe mit Erdnusscreme in tiefen Tellern oder Suppentassen verteilen und mit den beiseitegelegten Koriander- oder Petersilienblättchen garnieren.

TIPPS:

Möchten Sie die Suppe mit etwas mehr „Biss" servieren, bestreuen Sie sie vor dem Servieren mit einigen gerösteten Erdnusskernen.
Möchten Sie die Suppe ohne Erdnusscreme zubereiten, ersetzen Sie sie durch 2 Esslöffel Doppelrahm-Frischkäse.

KARTOFFEL-RINDFLEISCH-EINTOPF MIT TRÜFFEL

Zubereitungszeit: 45 Minuten
Garzeit: etwa 2 Stunden 20 Minuten

ZUTATEN FÜR 6 PORTIONEN

1 kg küchenfertige Rinderbrust
Salz
Pfefferkörner
1 Zwiebel
2 Gewürznelken
1 Lorbeerblatt
1 Knollensellerie
(etwa 600 g)
2 dicke Möhren
1 kg große, festkochende Kartoffeln
1 Bund Kerbel
1 kleine Trüffelknolle (etwa 30 g)
evtl. etwas Trüffelöl
grobes Meersalz

PRO PORTION:

E: 36 g, F: 22 g, Kh: 23 g, kcal: 439

1. Rinderbrust mit Küchenpapier abtupfen und in einen großen, hohen Topf geben. So viel kaltes Wasser hinzugießen, dass die Rinderbrust ganz bedeckt ist. 1 gehäuften Teelöffel Salz hinzugeben und zum Kochen bringen. Die Brühe abschäumen. Zwiebel abziehen, mit Nelken und Lorbeerblatt spicken und in die Brühe geben. Die Rinderbrust zugedeckt etwa 2 Stunden bei mittlerer Hitze kochen lassen. Während der Kochzeit den aufsteigenden Schaum und das Fett immer wieder abschöpfen.

2. In der Zwischenzeit Sellerie und Möhren putzen, schälen, abspülen, abtropfen lassen und in 2 cm große Würfel schneiden. Kartoffeln waschen, schälen, abspülen, abtropfen lassen und ebenfalls in kleine Würfel schneiden.

3. Kerbel abspülen und trocken tupfen. Die Blättchen von den Stängeln zupfen. Stängel beiseitelegen. Die Blättchen klein schneiden.

4. Nach etwa 2 Stunden Garzeit prüfen, ob das Fleisch weich ist. Falls nicht, das Fleisch weitere etwa 30 Minuten kochen lassen, eventuell noch etwas Wasser hinzugießen.

5. Die gare Rinderbrust aus der Brühe nehmen und in Scheiben schneiden. Die Fleischscheiben zugedeckt in etwas Brühe warm halten.

6. Die beiseitegelegten Kerbelstiele in ein Haarsieb legen und die Brühe darüber passieren. Die Brühe wieder in den Topf geben. Die Sellerie-, Möhren- und Kartoffelwürfel hinzugeben, zum Kochen bringen und etwa 20 Minuten bei mittlerer Hitze garen.

7. Die Trüffelknolle putzen. Den Eintopf in tiefen Tellern anrichten. In jeden Teller eventuell einige Tropfen Trüffelöl tröpfeln. Die Fleischscheiben darauf verteilen und mit etwas grobem Salz und Kerbel bestreuen. Die Trüffelknolle mit einem Trüffelhobel dünn über den Eintopf in den Tellern hobeln und den Eintopf sofort servieren.

KARTOFFELSUPPE

Zubereitungszeit: 15 Minuten
Garzeit: 20–30 Minuten

ZUTATEN FÜR 4–6 PORTIONEN

500 g mehligkochende Kartoffeln
100 g Knollensellerie
1 Zwiebel
100 g Lauch
40 g Butter
800 ml Gemüse- oder Fleischbrühe
150 g Crème fraîche
etwas gerebelter Majoran
etwas ger. Muskatnuss
Salz, gem. weißer Pfeffer

PRO PORTION:

E: 4 g, F: 16 g, Kh: 15 g, kcal: 222

1. Kartoffeln und Sellerie schälen, abspülen, abtropfen lassen und in Würfel schneiden. Zwiebel abziehen, halbieren und ebenfalls in Würfel schneiden. Lauch putzen, die Stange längs halbieren, gründlich waschen, abtropfen lassen. Lauch in möglichst feine Streifen schneiden.

2. Butter in einem Topf zerlassen. Die Zwiebelwürfel darin glasig dünsten. Kartoffel-, Selleriewürfel und Lauchstreifen dazugeben und kurz mitdünsten. Anschließend die Gemüse- oder Fleischbrühe hinzugießen. Die Zutaten zum Kochen bringen und bei schwacher bis mittlerer Hitze zugedeckt in 20–30 Minuten gar kochen.

3. Anschließend die Suppe mit einem Pürierstab pürieren, nochmals kurz erhitzen, dann die Crème fraîche unterrühren.

4. Die Kartoffelsuppe mit den Gewürzen abschmecken.

TIPPS:

Für eine Kartoffelsuppe mit „westfälischem Kaviar" die Suppe mit 2 Teelöffeln Mohnsamen bestreuen.
Auch Schnippelschinken, fein geschnittener Räucherlachs oder Croûtons schmecken lecker in der Suppe.
Besonders luftig wird die Kartoffelsuppe, wenn Sie statt Crème fraîche 100 g cremig aufgeschlagene Sahne unter die Suppe heben.

KARTOFFELTOPF MIT PFIFFERLINGEN UND SCHMAND

Zubereitungszeit: 45 Minuten
Garzeit: etwa 20 Minuten

ZUTATEN FÜR 8–10 PORTIONEN

2 kg mittelgroße, festkochende Kartoffeln
1 Bund Frühlingszwiebeln
100 g fester, durchwachsener Räucherspeck
400 g kleine Pfifferlinge
2 EL Butter
2 ½ l Gemüsebrühe oder Kalbsfond
Salz, gem. Pfeffer
250 g Schmand (Sauerrahm)

PRO PORTION:

E: 8 g, F: 14 g, Kh: 30 g, kcal: 279

1. Kartoffeln waschen, schälen, abspülen, abtropfen lassen und achteln. Die Frühlingszwiebeln putzen, waschen, abtropfen lassen. Das zarte Grün abschneiden, in etwa 2 cm lange Streifen schneiden und beiseitelegen. Die weißen Zwiebeln in Scheiben schneiden.

2. Den Räucherspeck von Schwarte und Knorpeln befreien. Den Speck in kleine Würfel schneiden. Pfifferlinge putzen, mit Küchenpapier abreiben, eventuell abspülen und trocken tupfen.

3. Butter in einem großen Topf zerlassen. Frühlingszwiebelscheiben, die Speckwürfel und Kartoffelachtel darin portionsweise unter Wenden andünsten. Brühe oder Fond hinzugießen. Mit Salz würzen. Die Zutaten zum Kochen bringen und etwa 10 Minuten bei mittlerer Hitze kochen lassen.

4. Die Pfifferlinge hinzugeben. Den Kartoffeltopf weitere etwa 10 Minuten kochen lassen. Mit Salz und Pfeffer abschmecken. Den Kartoffeltopf mit den beiseitegelegten Frühlingszwiebelstreifen bestreuen und mit dem durchgerührten Schmand servieren.

KÄSE-LAUCH-SUPPE

Zubereitungszeit: 30 Minuten
Garzeit: etwa 15 Minuten

ZUTATEN FÜR 4–6 PORTIONEN

3 Stangen Lauch (etwa 700 g)
3 EL Olivenöl
750 g Gehacktes
(halb Rind-, halb Schweinefleisch)
Salz, gem. Pfeffer
1 l Fleischbrühe
460 g abgetropfte Champignonscheiben
(aus dem Glas)
200 g Sahne- oder Kräuterschmelzkäse

PRO PORTION:

E: 37 g, F: 43 g, Kh: 7 g, kcal: 561

1. Lauch putzen, von den äußeren Blättern befreien. Das Wurzelende und dunkles Grün (etwa ¼ der Stange) abschneiden. Die Lauchstangen längs halbieren, gründlich waschen und abtropfen lassen. Den Lauch in kleine Stücke schneiden.

2. Öl in dem großen Topf erhitzen. Gehacktes hinzufügen und unter gelegentlichem Rühren anbraten. Dabei die Fleischklümpchen mit einer Gabel zerdrücken, mit Salz und Pfeffer würzen.

3. Die Lauchstücke hinzufügen und 1–2 Minuten andünsten. Die Brühe hinzugießen und zum Kochen bringen. Das Ganze zugedeckt etwa 15 Minuten bei mittlerer Hitze köcheln lassen.

4. Die Champignonscheiben in einem Sieb abtropfen lassen und hinzugeben. Käse dazugeben und unter Rühren bei schwacher Hitze schmelzen lassen, dabei die Suppe nicht mehr kochen lassen. Die Käse-Lauch-Suppe mit Salz und Pfeffer abschmecken.

TIPPS:

Die Suppe kann gut vorbereitet und ohne Pilzscheiben und Schmelzkäse nach dem Abkühlen eingefroren werden.
Sie eignet sich gut als Partysuppe, dazu die Zutaten verdoppeln oder verdreifachen.
Statt frischer Fleischbrühe können Sie auch Instant-Fleisch- oder Gemüsebrühe verwenden. Beachten Sie dabei die Packungsanleitung.
Wer sich kalorienbewusst ernähren möchte, nimmt kalorienreduzierten Schmelzkäse (mit 9 % Fett).

ABWANDLUNG:

Wer keine Pilze mag, erhöht stattdessen die Lauch- und Gehacktesmenge auf je etwa 1 kg. Die anderen Zutaten und die Zubereitung bleiben gleich.

KICHERERBSENEINTOPF

- Zubereitungszeit: 20 Minuten, ohne Einweichzeit
  Garzeit: 35–45 Minuten
- + Vegetarisch

ZUTATEN FÜR 2 PORTIONEN

125 g getrocknete Kichererbsen
375 ml Gemüse- oder Hefebrühe
1 Knoblauchzehe
1 kleine Zwiebel
½–1 rote Chilischote
1 EL Sonnenblumenöl
½ TL Garam Masala
(indische Gewürzmischung)
1 TL Currypulver
150 g Staudensellerie
1 Möhre (etwa 100 g)
1 kleine Stange Lauch (etwa 125 g)
4 entsteinte, getrocknete Aprikosen
1 EL Rosinen
4 EL Orangensaft
75 g Joghurt (3,5 % Fett)
Salz

PRO PORTION:

E: 17 g, F: 11 g, Kh: 51 g, kcal: 412

1. Zum Vorbereiten am Vorabend die Kichererbsen mit 300 ml kaltem Wasser in den Topf geben und über Nacht quellen lassen.

2. Am nächsten Tag die gequollenen Kichererbsen mit dem Einweichwasser und der Brühe in dem Topf zum Kochen bringen, zugedeckt bei mittlerer Hitze 20–30 Minuten köcheln lassen, bis die Kichererbsen fast gar sind, dabei die Packungsanleitung beachten.

3. Inzwischen Knoblauch und Zwiebel abziehen und fein würfeln. Chilischote längs halbieren, entstielen, entkernen und die Scheidewände entfernen. Die Schote abspülen, trocken tupfen und in feine Streifen schneiden.

4. Öl in der Pfanne erhitzen. Knoblauch- und Zwiebelwürfel darin unter Rühren kurz andünsten. Chilistreifen, Garam Masala und Curry hinzufügen, unter gelegentlichem Rühren mitdünsten. Die Pfanne von der Kochstelle nehmen.

5. Staudensellerie putzen, abspülen und abtropfen lassen. Möhre putzen, schälen, abspülen und abtropfen lassen. Lauch putzen, die Stange längs halbieren, gründlich waschen und abtropfen lassen. Sellerie und Möhre in dünne Scheiben, Lauch in dünne Streifen schneiden. Sellerie- und Möhrenscheiben mit der Knoblauch-Zwiebel-Masse zur Suppe geben und weitere etwa 10 Minuten köcheln lassen, bis die Kichererbsen und das Gemüse gar sind.

6. Aprikosen fein würfeln, mit Lauchstreifen, Rosinen und Orangensaft in den Eintopf geben und unterrühren. Eintopf evtl. mit etwas Salz würzen. Nach Belieben den Joghurt unterrühren. Den Eintopf nochmals kurz erwärmen (nicht mehr kochen lassen – der Joghurt flockt sonst aus). Oder den Joghurt dazureichen.

KICHERERBSEN-HÄHNCHEN-EINTOPF

Zubereitungszeit: 45 Minuten
Garzeit: etwa 70 Minuten

ZUTATEN FÜR 6 PORTIONEN

1 küchenfertiges Suppenhuhn (etwa 1 ¼ kg)
2 gestr. EL Salz
1 Bund Suppengrün (Möhre, Sellerie, Lauch)
1 rote Zwiebel
1 Knoblauchzehe
300 g Möhren
2 EL Butter oder Margarine
440 g abgetropfte, abgespülte Kichererbsen (aus der Dose)
200 g Schlagsahne
4 EL Zitronensaft
1 Msp. Cayennepfeffer
125 g Babyspinat

PRO PORTION:

E: 35 g, F: 49 g, Kh: 18 g, kcal: 656

1. Das Suppenhuhn innen und außen mit Küchenpapier abtupfen, in einen großen Topf geben. So viel kaltes Wasser hinzugeben, dass das Huhn bedeckt ist. Das Ganze zugedeckt zum Kochen bringen. Den entstehenden Schaum mit einem Schaumlöffel abschöpfen. Salz in den Topf geben. Das Huhn etwa 30 Minuten bei mittlerer Hitze köcheln lassen, wenn nötig, etwas Wasser nachgießen.

2. Das Suppengrün putzen, schälen, abspülen, abtropfen lassen und grob zerschneiden. Das Suppengrün zu dem Huhn in den Topf geben. Die Zutaten bei mittlerer bis schwacher Hitze weitere etwa 30 Minuten köcheln lassen.

3. In der Zwischenzeit die Zwiebel abziehen, halbieren und in feine Streifen schneiden. Knoblauch abziehen und durch eine Knoblauchpresse

drücken. Möhren putzen, schälen, abspülen und abtropfen lassen. Möhren in Scheiben schneiden.

4. Das Suppenhuhn aus der Brühe nehmen. Die Brühe durch ein feines Sieb gießen, dabei die Brühe auffangen und 1 Liter davon abmessen.

5. Das gekochte Huhn enthäuten, das Fleisch von den Knochen lösen und klein schneiden.

6. Butter oder Margarine in einem großen Topf zerlassen. Möhrenscheiben hinzugeben und etwa 5 Minuten unter gelegentlichem Rühren andünsten. Kichererbsen hinzugeben. Die abgemessene Brühe und Schlagsahne hinzugießen. Zwiebelstreifen und Knoblauch unterrühren.

7. Den Eintopf kurz aufkochen, mit Salz, Zitronensaft und Cayennepfeffer abschmecken. Das Hühnerfleisch in den Eintopf geben, etwa 5 Minuten miterhitzen.

8. In der Zwischenzeit Spinat verlesen, gründlich abspülen, gut abtropfen lassen oder trocken schleudern. Große Blätter evtl. halbieren.

9. Zum Servieren die Spinatblätter in den Eintopf geben und unterrühren.

KOHLRABI-APFEL-SÜPPCHEN

Zubereitungszeit: 35 Minuten
Garzeit: etwa 15 Minuten
+ Vegetarisch

ZUTATEN FÜR 4 PORTIONEN

2 mittelgroße Kohlrabi
(geschält etwa 400 g)
1 großer Apfel, z. B. Boskop oder Elstar
1 kleine Zwiebel
2 EL Butter
1 EL Weizenmehl
750 ml Gemüsebrühe
Salz
250 g Schlagsahne
Zucker, Zitronensaft
40 g Radieschensprossen
4 EL Crème fraîche

PRO PORTION:

E: 6 g, F: 36 g, Kh: 16 g, kcal: 417

1. Kohlrabi putzen, schälen, abspülen, abtropfen lassen und grob würfeln. Den Apfel abspülen, abtrocknen, vierteln und entkernen. Apfelviertel mit der Schale grob zerkleinern. Die Zwiebel abziehen und klein würfeln.

2. Butter in einem Topf zerlassen. Kohlrabiwürfel und Apfelstücke darin unter Rühren andünsten. Mit Mehl bestäuben und kurz mitdünsten lassen. Brühe hinzugießen, mit Salz würzen. Die Zutaten zum Kochen bringen und etwa 15 Minuten bei schwacher Hitze kochen lassen.

3. Den Topf von der Kochstelle nehmen. Die Sahne hinzugießen. Die Suppe mit einem Pürierstab fein pürieren und anschließend durch ein feines Sieb (Haarsieb) passieren. Mit Salz, Zucker und Zitronensaft abschmecken. Das Süppchen nochmals erwärmen, aber nicht kochen lassen.

4. Radieschensprossen abspülen und trocken tupfen. Das Kohlrabi-Apfel-Süppchen in Suppentassen anrichten, mit Crème fraîche und den Radieschensprossen garnieren.

KOHLRABITOPF MIT BRATWURSTKLÖSSCHEN

Zubereitungszeit: 55 Minuten
Garzeit: etwa 25 Minuten

ZUTATEN FÜR 8–10 PORTIONEN

1 kg Kohlrabi
50 g Butter
2 l Gemüsebrühe
250 g Schlagsahne
1 Pck. Kartoffelpüreepulver (für 3 Portionen)
4 grobe, ungebrühte Bratwürste (je etwa 100 g)
Salz
gem. Pfeffer
etwas Currypulver
2 EL glatte Petersilienstreifen

PRO PORTION:

E: 13 g, F: 30 g, Kh: 11 g, kcal: 368

1. Kohlrabi putzen, schälen, abspülen, abtropfen lassen und halbieren. Kohlrabi zuerst in Scheiben, dann in Stifte schneiden.

2. Butter in einem großen Topf zerlassen. Kohlrabistifte darin andünsten. Gemüsebrühe und Sahne hinzufügen, zum Kochen bringen. Die Suppe etwa 15 Minuten bei schwacher Hitze unter gelegentlichem Rühren kochen lassen. Kartoffelpüreepulver unterrühren.

3. Die Bratwurstmasse portionsweise aus der Haut drücken. Aus der Masse kleine Klößchen formen und ebenfalls in die Suppe geben.

4. Die Klößchen etwa 10 Minuten in der Suppe bei schwacher Hitze gar ziehen lassen.

5. Den Kohlrabitopf mit Salz, Pfeffer und Curry abschmecken und anschließend mit Petersilie bestreut servieren.

KOHLTOPF MIT PETERSILIENPESTO

Zubereitungszeit: 60 Minuten
Garzeit: 90–100 Minuten

ZUTATEN FÜR 6–8 PORTIONEN

2 Zwiebeln
2 Knoblauchzehen
2 EL Butter
1 kg Lammgulasch
(etwa 40 g schwere Würfel)
Salz
gem. Pfeffer
1 ½ l Gemüsebrühe
1 kleiner Spitzkohl (etwa 600 g)
1 kleiner Weißkohl (etwa 800 g)
800 g festkochende Kartoffeln

FÜR DAS PETERSILIENPESTO:

1 Knoblauchzehe
60 g Pecorino
1 Bund glatte Petersilie
40 g geröstete Mandeln
4 EL mildes Olivenöl

PRO PORTION:

E: 37 g, F: 27 g, Kh: 21 g, kcal: 479

1. Zwiebeln und Knoblauch abziehen, jeweils in feine Scheiben schneiden. Die Butter in einem großen Topf zerlassen. Die Zwiebel- und Knoblauchscheiben darin andünsten. Lammgulasch mit Küchenpapier trocken tupfen, mit Salz und Pfeffer würzen, hinzugeben und mitdünsten lassen. So viel Gemüsebrühe hinzugießen, dass die Fleischwürfel bedeckt sind. Das Lammgulasch zugedeckt etwa 60 Minuten garen.

2. In der Zwischenzeit Spitz- und Weißkohl von den äußeren Blättern befreien. Kohlköpfe vierteln und jeweils den Strunk herausschneiden. Kohlviertel in etwa 3 cm große Würfel schneiden. Kartoffeln waschen, schälen, abspülen, abtropfen lassen und grob würfeln.

3. Nach etwa 60 Minuten Garzeit die Kartoffelwürfel auf dem Lammfleisch verteilen, leicht mit Salz würzen. Dann den Kohl daraufgeben. So viel von der restlichen Gemüsebrühe hinzugießen, dass die Kohlschicht bedeckt ist. Den Kohltopf wieder zum Kochen bringen und zugedeckt weitere 30–40 Minuten garen.

4. In der Zwischenzeit für das Pesto Knoblauch abziehen und den Pecorino-Käse fein reiben. Petersilie abspülen und trocken tupfen oder trocken schleudern. Grobe Stängel entfernen. Knoblauch, Petersilie und Mandeln in einen hohen Rührbecher geben und mit einem Stabmixer fein pürieren. Das Olivenöl und den geriebenen Käse unterrühren. Mit Salz und Pfeffer abschmecken.

5. Den Eintopf anrichten. Pesto dazureichen.

KRAUTEINTOPF NACH SZEGEDINER-ART

Zubereitungszeit: 15 Minuten, ohne Marinierzeit
Garzeit: etwa 25 Minuten

ZUTATEN FÜR 4 PORTIONEN

400 g Putenbrust im Stück
2 EL Speiseöl
1–1 ½ EL Paprikapulver edelsüß
½ –1 EL Paprikapulver rosenscharf
1 Knoblauchzehe

1 kleine Stange Lauch (etwa 175 g)
400 g vorwiegend festkochende Kartoffeln
2 Zwiebeln
1 EL Tomatenmark
1 l würzige Gemüsebrühe
2 Lorbeerblätter
2 Pimentkörner
2 Gewürznelken
Salz
gem. Pfeffer
520 g mildes Weinsauerkraut
(aus der Dose)
1 geh. TL brauner Zucker
1 EL Paprikapulver edelsüß
1 TL Paprikapulver rosenscharf
1 kleine rote Paprikaschote (etwa 175 g)
150 g Ananas-Fruchtfleisch
(frisch oder aus der Dose, abgetropft)
evtl. 2–3 Stängel glatte Petersilie

PRO PORTION:

E: 32 g, F: 11 g, Kh: 27 g, kcal: 351

1. Putenbrust mit Küchenpapier abtupfen, in 3–4 cm große Würfel schneiden und in eine Schüssel geben. 1 Esslöffel Speiseöl und Paprikapulver edelsüß und rosenscharf gut untermischen. Knoblauch abziehen, durch eine Knoblauchpresse zum Fleisch drücken und gründlich untermischen. Die Fleischwürfel zugedeckt mindestens 2 Stunden im Kühlschrank marinieren.

2. Lauch putzen, die Stange längs halbieren, gründlich waschen und abtropfen lassen. Lauch in Streifen schneiden. Kartoffeln schälen, abspülen, abtropfen lassen und in grobe Stücke schneiden.

3. Restliches Speiseöl in einem Topf erhitzen. Die marinierten Fleischwürfel darin in 2 Portionen unter Wenden leicht anbraten, herausnehmen und auf einen Teller geben.

4. Zwiebeln abziehen, in Spalten schneiden und in dem verbliebenen Bratfett andünsten. Kartoffelstücke, Lauchstreifen und Tomatenmark hinzugeben und kurz mit anbraten. Mit der Brühe ablöschen. Lorbeerblätter, Pimentkörner, Gewürznelken, etwas Salz und Pfeffer hinzugeben. Die Zutaten bei schwacher Hitze etwa 5 Minuten kochen lassen.

5. Sauerkraut und Zucker unter den Eintopf mischen. Nochmals mit Salz, Pfeffer und Paprika würzen. Den Eintopf zugedeckt bei schwacher Hitze etwa 15 Minuten leicht kochen lassen, dabei gelegentlich umrühren.

6. In der Zwischenzeit Paprikaschote halbieren, entstielen, entkernen und die weißen Scheidewände entfernen. Schote abspülen, trocken tupfen und mit dem Ananas-Fruchtfleisch in feine Stücke schneiden.

7. Nach etwa 15 Minuten Garzeit Paprika- und Ananasstücke in den Eintopf geben. Fleischwürfel ebenfalls hinzugeben und alles bei schwacher Hitze aufkochen und unter gelegentlichem Rühren weitere etwa 5 Minuten leicht kochen lassen.

8. Nach Belieben Petersilie abspülen, trocken tupfen und die Blättchen von den Stängeln zupfen. Blättchen klein schneiden. Den Eintopf nochmals mit den Gewürzen abschmecken und mit der Petersilie anrichten.

KRÄUTERSUPPE

◷ Zubereitungszeit: 40 Minuten
Garzeit: etwa 15 Minuten
+ Vegetarisch

ZUTATEN FÜR 4 PORTIONEN

1 kleines Bund Rucola (Rauke, etwa 50 g)
je 1 kleines Bund Kerbel, Basilikum und Petersilie
1 Kästchen Kresse
2 Schalotten oder 1 Zwiebel
1 EL Butter
Salz, gem. Pfeffer
400 ml Gemüsebrühe
125 g Schlagsahne oder Crème fraîche
ger. Muskatnuss

PRO PORTION:

E: 2 g, F: 14 g, Kh: 3 g, kcal: 146

1. Rucola und die Kräuter waschen, trocken tupfen. Die Kerbel-, Basilikum- und Petersilienblättchen von den Stängeln zupfen. Kräuterstängel klein hacken.

2. Die Kresse abspülen, trocken tupfen und (bis auf einen kleinen Rest zum Garnieren) mit einer Schere abschneiden. Schalotten oder Zwiebel abziehen und in kleine Würfel schneiden.

3. Butter in einem Topf zerlassen. Gehackte Stängel und Schalotten- oder Zwiebelwürfel darin andünsten. Mit Salz und Pfeffer würzen. Brühe hinzugießen, zum Kochen bringen und etwa 15 Minuten bei schwacher Hitze leicht kochen lassen.

4. Die abgezupften Kräuterblättchen klein schneiden. Den Rucola in Streifen schneiden. Kräuter und Rucolastreifen in die Suppe geben, mit einem Pürierstab glatt pürieren und anschließend durch ein Sieb gießen. Sahne oder die Crème fraîche unterrühren. Die Suppe kurz erwärmen, aber nicht mehr kochen lassen.

5. Die Suppe mit Salz, Pfeffer und Muskat abschmecken, in Suppentassen oder -teller füllen und mit der restlichen Kresse garnieren.

TIPPS:

Der Geschmack der jungen Rucolablätter ist angenehm kräftig bis scharf.
Rucola kann roh in Salaten oder warm als Gemüse (Suppen, Füllungen) verwendet werden.

KRENFLEISCH MIT MÖHREN

Zubereitungszeit: 30 Minuten
Garzeit: etwa 30 Minuten

ZUTATEN FÜR 4 PORTIONEN

2 Zwiebeln
2 Bund Möhren
1 Bund gelbe Möhren
1 Bund Mairübchen
1 Bund Radieschen
3 große, festkochende Kartoffeln
2 EL Butter
Salz
gem. Pfeffer
600 g Pökelrippchen
250 g Schlagsahne
1 kleines Glas tafelfertiger Meerrettich (48 g)
etwas Speisestärke
Saft von 1 Zitrone
1 Bund Petersilie

PRO PORTION:

E: 22 g, F: 39 g, Kh: 44 g, kcal: 626

1. Die Zwiebeln abziehen und in kleine Würfel schneiden. Die Möhren putzen, schälen, abspülen, abtropfen lassen und in 1 cm dicke Scheiben schneiden. Mairübchen waschen, schälen, abspülen, abtropfen lassen. Die Mairübchen je nach Größe halbieren oder vierteln. Radieschen putzen, waschen, trocken tupfen und eventuell halbieren.

2. Kartoffeln schälen, abspülen, abtropfen lassen und in 2 cm große Würfel schneiden.

3. Die Butter in einem Topf zerlassen. Zwiebelwürfel darin andünsten. Möhrenscheiben, Mairübchen und Kartoffelwürfel portionsweise hinzugeben und mit andünsten. Mit Salz und Pfeffer würzen. So viel Wasser hinzugießen, dass die Gemüsezutaten bedeckt sind. Rippchen darauflegen. Die Zutaten zum Kochen bringen und etwa 30 Minuten bei mittlerer Hitze garen.

4. Die Rippchen aus dem Gemüsetopf nehmen. Dann Sahne und Meerrettich unter den Gemüsetopf rühren. Speisestärke mit etwas Wasser anrühren, in den Gemüsetopf rühren und unter Rühren aufkochen lassen. Den Gemüsetopf leicht binden. Mit Salz, Pfeffer und Zitronensaft abschmecken.

5. Petersilie abspülen und trocken tupfen. Die Blättchen von den Stängeln zupfen. Die Blättchen klein schneiden. Die Rippchen in Stücke schneiden. Das Krenfleisch mit Petersilie bestreut zur Suppe servieren.

KREOLISCHER FISCHEINTOPF

Zubereitungszeit: 30 Minuten
Garzeit: etwa 20 Minuten

ZUTATEN FÜR 4 PORTIONEN

je 1 gelbe und rote Paprikaschote
1 Gemüsezwiebel
2 Stangen Staudensellerie
200 g Okraschoten
120 g Chorizo (spanische Paprikawurst)
500 g Muscheln z. B. Herz- oder Venusmuscheln
100 ml Sonnenblumenöl
2 EL Weizenmehl
1 Msp. Cayennepfeffer
3 TL Cajun-Gewürz (Mischung aus Thymian, Oregano, Paprika, Cumin, Knoblauch, Zwiebel, Senfsaat, Pfeffer)
Salz
400 ml Gemüsebrühe
500 ml Tomatensaft
300 g Steinbeißerfilet
120 g abgetropfte Flusskrebsschwänze in Lake
2 EL klein geschnittene Petersilie
Tabasco

PRO PORTION:

E: 32 g, F: 40 g, Kh: 23 g, kcal: 585

1. Paprikaschoten halbieren, entstielen, entkernen und die weißen Scheidewände entfernen. Schoten abspülen, abtropfen lassen und in Würfel schneiden. Zwiebel abziehen, halbieren und ebenfalls klein würfeln. Sellerie putzen, abspülen, abtropfen lassen und in Scheiben schneiden. Die Okraschoten putzen und die Stielansätze mit den Spitzen (Kappen) abschneiden. Okraschoten abspülen, trocken tupfen und in etwa 1 cm große Stücke schneiden. Chorizo in Scheiben schneiden.

2. Muscheln in reichlich kaltem Wasser gründlich waschen. Muscheln einzeln abbürsten, bis sie nicht mehr sandig sind (Muscheln, die sich beim Waschen öffnen, sind ungenießbar). Evtl. die Fäden (Bartbüschel) entfernen.

3. Das Sonnenblumenöl in einem breiten Topf erhitzen. Mehl und Cayennepfeffer hinzufügen und unter Rühren braun rösten. Das vorbereitete Gemüse mit den Wurstscheiben hinzugeben. Mit Cajun-Gewürz und Salz würzen. Gemüsebrühe und Tomatensaft hinzugießen und gut unterrühren. Muscheln ebenfalls hinzugeben. Den Eintopf unter gelegentlichem Rühren zum Kochen bringen und zugedeckt etwa 10 Minuten kochen lassen.

4. Fischfilet mit Küchenpapier abtupfen und in mundgerechte Stücke schneiden.

5. Flusskrebsschwänze und Fischstücke in den Eintopf geben und in etwa 10 Minuten bei schwacher Hitze gar ziehen lassen. Die Petersilie unterrühren. Den Eintopf mit Cajun-Gewürz, Salz und Tabasco abschmecken.

BEILAGE:

Reis oder geröstete Brotscheiben.

TIPP:

In Louisiana wird der Fischeintopf traditionell mit Catfish, Flusskrebsen und Andouillette (französische Wurstspezialität aus den Mägen von Schwein und Kalb, kräftig gewürzt) zubereitet.

KÜRBISSUPPE

Zubereitungszeit: 25 Minuten
Garzeit: etwa 20 Minuten
+ Vegetarisch

ZUTATEN FÜR 4 PORTIONEN

750 g Kürbis, z. B. Hokkaido
1 Zwiebel
40 g Butter oder Margarine
750 ml Gemüsebrühe
Salz, gem. Pfeffer
ger. Muskatnuss
½ TL Zucker
Weißweinessig

1 EL Schnittlauchröllchen

PRO PORTION:

E: 3 g, F: 9 g, Kh: 8 g, kcal: 125

1. Kürbis schälen, halbieren und die Kerne mit einem Löffel herauskratzen. Das Kürbisfruchtfleisch in kleine Würfel schneiden. Zwiebel abziehen und klein würfeln.

2. Die Butter oder Margarine in einem Topf zerlassen. Zwiebel- und Kürbiswürfel darin andünsten. Die Brühe hinzugießen und zum Kochen bringen. Die Suppe zugedeckt etwa 20 Minuten bei schwacher Hitze kochen lassen.

3. Die Suppe pürieren oder durch ein Sieb streichen. Dann mit Salz, Pfeffer, Muskat, Zucker und Essig abschmecken. Die Kürbissuppe mit Schnittlauchröllchen bestreut servieren.

TIPPS:

Geben Sie nach Belieben ½ abgezogene, zerdrückte Knoblauchzehe in die Suppe. Dann die Suppe nochmals kurz erhitzen.
Nicht-Vegetarier erwärmen 1 Paar in Scheiben geschnittene Wiener Würstchen mit in der Suppe.

KÜRBISSUPPE MIT BLUTWURST

Zubereitungszeit: 40 Minuten
Garzeit: etwa 20 Minuten

ZUTATEN FÜR 4 PORTIONEN

750 g Kürbis, z. B. Hokkaido
1 Zwiebel
40 g Butter oder Margarine
500 ml Gemüsebrühe
200 ml Orangensaft
3–4 Stängel Thymian
100 g geräucherter Speck, im Stück
2 Sternanis
200 g Schlagsahne
Salz
gem. Pfeffer
1–2 EL Currypulver
etwas gem. Kreuzkümmel

1 geräucherte, feste Blutwurst
(Ø etwa 5 cm, etwa 100 g)
Weizenmehl
etwas Olivenöl
60 g abgezogene Haselnusskerne

1 EL Schnittlauchröllchen

PRO PORTION:

E: 9 g, F: 44 g, Kh: 18 g, kcal: 514

1. Den Kürbis schälen, halbieren und die Kerne mit einem Löffel herauskratzen. Das Kürbisfleisch in kleine Würfel schneiden. Zwiebel abziehen und ebenfalls in kleine Würfel schneiden.

2. Die Butter oder Margarine in einem Topf zerlassen. Zwiebel- und Kürbiswürfel darin andünsten. Die Brühe und Orangensaft hinzugießen.

3. Den Thymian abspülen und trocken tupfen. Speck, Sternanis und Thymian in die Brühe geben, dann zum Kochen bringen und etwa 20 Minuten kochen lassen.

4. Speck, Sternanis und Thymian mit einer Schaumkelle aus der Suppe nehmen. Die Suppe pürieren oder durch ein Sieb streichen.

5. Sahne hinzugießen und nochmals kurz erwärmen. Die Suppe mit Salz, Pfeffer, Curry und Kreuzkümmel abschmecken.

6. Von der Blutwurst den Darm abziehen. Blutwurst in etwa 1 cm dicke Scheiben schneiden und in Mehl wälzen.

7. Olivenöl in einer großen Pfanne erhitzen. Blutwurstscheiben darin von beiden Seiten kurz anbraten. Dann Haselnusskerne hinzufügen und kurz mitbraten lassen. Die Suppe mit Schnittlauchröllchen bestreuen und mit Blutwurstscheiben und Haselnusskernen servieren.

LAMM- ODER WILDEINTOPF MIT PILZEN UND WIRSING

Zubereitungszeit: 40 Minuten
Garzeit: etwa 75 Minuten

ZUTATEN FÜR 4–6 PORTIONEN

50 g getrocknete Mischpilze

750 g Lamm- oder Wildkeule, -schulter oder -hals (ohne Knochen)
1 Bund Suppengrün (Möhre, Sellerie, Lauch)
2 mittelgroße Zwiebeln
2 Knoblauchzehen
3 EL Olivenöl
Salz, gem. Pfeffer
500 ml Lamm- oder Wildfond

500 g Wirsing
400 g kleine Kartoffeln
2 Stängel Thymian
1 getrocknete Chilischote

2–3 Scheiben Toastbrot
2 Knoblauchzehen
30 g Butter

PRO PORTION:

E: 41 g, F: 26 g, Kh: 24 g, kcal: 492

1. Pilze in eine kleine Schüssel geben und mit 150 ml lauwarmem Wasser übergießen. Pilze etwa 15 Minuten einweichen lassen.

2. In der Zwischenzeit das Fleisch mit Küchenpapier abtupfen und in etwa 3 cm große Würfel schneiden. Suppengrün putzen, abspülen, abtropfen lassen und in Würfel schneiden. Zwiebeln abziehen, halbieren und in feine Streifen schneiden. Knoblauchzehen abziehen und durch eine Knoblauchpresse drücken.

3. Das Öl in einem großen Topf erhitzen. Fleischwürfel darin evtl. portionsweise rundherum anbraten, mit Salz und Pfeffer würzen. Suppengrün, Zwiebeln und Knoblauch hinzugeben, kurz mit anbraten.

4. Fond hinzugießen. Den Bratenansatz unter Rühren vom Topfboden loskochen.

5. Die Pilze in einem Sieb abtropfen lassen, dabei das Einweichwasser auffangen. Das Einweichwasser durch ein sehr feines Sieb oder eine Kaffeefiltertüte abseihen, dabei das Einweichwasser wieder auffangen (so kann evtl. an den Pilzen anhaftender Sand gut entfernt werden).

6. Die Pilze und das aufgefangene Einweichwasser mit in den Topf geben. Den Eintopf zugedeckt bei mittlerer Hitze etwa 45 Minuten köcheln lassen.

7. In der Zwischenzeit vom Wirsing die groben äußeren Blätter entfernen. Wirsing halbieren oder vierteln, den Strunk herausschneiden. Wirsing abspülen, abtropfen lassen und in feine Streifen schneiden.

8. Salzwasser in einem Topf zum Kochen bringen. Die Wirsingstreifen darin kurz blanchieren, anschließend mit eiskaltem Wasser abschrecken und in einem Sieb gut abtropfen lassen.

9. Kartoffeln schälen, abspülen, abtropfen lassen und halbieren. Thymian abspülen, trocken tupfen und die Blättchen von den Stängeln zupfen. Chilischote zerbröseln.

10. Kartoffelhälften, Thymian und Chili unter den Eintopf rühren und zugedeckt bei mittlerer Hitze weitere etwa 15 Minuten köcheln lassen.

11. Die Wirsingstreifen hinzugeben. Eintopf zugedeckt weitere etwa 15 Minuten köcheln lassen.

12. Inzwischen die Toastbrotscheiben in etwa 1 cm große Würfel schneiden. Knoblauch abziehen und leicht zerdrücken. Die Butter in einer

Pfanne zerlassen. Brotwürfel und Knoblauch darin unter ständigem Rühren anrösten, mit Salz und Pfeffer würzen.

13. Den Eintopf zum Servieren mit Salz und Pfeffer abschmecken. Geröstete Brotwürfel dazu servieren.

LAMMTOPF MIT ZITRONE UND MINZE

● Zubereitungszeit: 45 Minuten
Garzeit: etwa 90 Minuten
▲ Mit Alkohol

ZUTATEN FÜR 6 PORTIONEN

1 Lammkeule (ohne Knochen, etwa 1 ½ kg Fleisch)
Salz
gem. Pfeffer
4 Zwiebeln
2–3 EL Olivenöl
1 EL Paprikapulver edelsüß
2 EL Tomatenmark
200 ml Rotwein
3 dicke Möhren
3 Stangen Staudensellerie
6 große, festkochende Kartoffeln
2 Knoblauchzehen
1 Bio-Zitrone (unbehandelt, ungewachst)
1 Bund Minze
2 Lorbeerblätter

PRO PORTION:

E: 56 g, F: 16 g, Kh: 23 g, kcal: 481

1. Das Lammfleisch von Haut und Sehnen befreien. Lammfleisch mit Küchenpapier trocken tupfen und in etwa 30 g schwere Würfel schneiden. Mit Salz und Pfeffer würzen. Die Zwiebeln abziehen und in kleine Würfel schneiden.

2. Olivenöl in einem großen Topf erhitzen. Die Zwiebelwürfel darin andünsten. Lammfleischwürfel hinzugeben und von allen Seiten anbraten. Mit Paprika bestreuen. Tomatenmark unterrühren. Mit Rotwein ablöschen. So viel kaltes Wasser hinzugießen, dass die Fleischwürfel gut bedeckt sind. Lammfleischwürfel zum Kochen bringen. Mit Salz würzen und zugedeckt etwa 60 Minuten bei schwacher Hitze kochen lassen.

3. Möhren putzen, schälen, abspülen und abtropfen lassen. Staudensellerie putzen, abspülen waschen und abtropfen lassen. Die Kartoffeln waschen, schälen, abspülen und abtropfen lassen. Möhren, Selleriestangen und Kartoffeln in gleich große Würfel schneiden.

4. Den Knoblauch abziehen und klein würfeln. Die Zitrone heiß abwaschen, abtrocknen und die Schale dünn mit einem Sparschäler abschälen. Die Zitronenschale fein hacken. Minze abspülen und trocken tupfen. Die Blättchen von den Stängeln zupfen. Blättchen klein schneiden. Knoblauchwürfel mit Zitronenschale und Minze vermengen. Mit Frischhaltefolie zugedeckt kalt stellen.

5. Nach etwa 60 Minuten Garzeit die Gemüse-, Kartoffelwürfel und Lorbeerblätter zu den Lammfleischwürfeln in den Topf geben. Mit Salz würzen. So viel heißes Wasser hinzugießen, dass die Zutaten bedeckt sind, zum Kochen bringen. Den Lammtopf zugedeckt weitere etwa 30 Minuten kochen lassen. Den Lammtopf mit den Gewürzen abschmecken.

6. Den Lammtopf anrichten und mit der kalt gestellten Zitronen-Minze-Mischung bestreuen.

LEIPZIGER ALLERLEI MIT KALBSHACKBÄLLCHEN

Zubereitungszeit: 45 Minuten
Garzeit Hackbällchen: etwa 15 Minuten
Garzeit Eintopf: etwa 20 Minuten

ZUTATEN FÜR 4 PORTIONEN

FÜR DIE HACKBÄLLCHEN:

1 Brötchen (Semmel) vom Vortag
2 Schalotten
600 g Kalbsgehacktes
1 Ei (Größe M)
1 EL fein gehackte Kapern
2 EL Schnittlauchröllchen
Salz
gem. Pfeffer

500 g weißer Spargel
1 kleiner Blumenkohl
1 Bund Möhren
300 g frische Erbsen
200 g rosé Champignons
2 Schalotten
2 EL Butter
3 EL Weizenmehl
1 Bund Kerbel
250 g Schlagsahne
Saft von 1 Zitrone

PRO PORTION:

E: 43 g, F: 42 g, Kh: 30 g, kcal: 679

1. Das Brötchen etwa 10 Minuten in kaltem Wasser einweichen und ausdrücken. Schalotten abziehen und in kleine Würfel schneiden. Das Gehackte in eine Rührschüssel geben. Ausgedrücktes Brötchen, Ei, Schalottenwürfel, gehackte Kapern und Schnittlauchröllchen hinzugeben. Die Zutaten zu einer glatten Masse verkneten. Mit Salz und Pfeffer würzen.

2. Salzwasser in einem Topf zum Kochen bringen. Aus der Hackfleischmasse mit angefeuchteten Händen kleine Bällchen formen. Die Hackbällchen in dem siedenden Salzwasser bei schwacher Hitze etwa 15 Minuten gar ziehen lassen.

3. Die Hackbällchen mit einer Schaumkelle herausnehmen, auf einen Teller legen und warm stellen. Den Fond durch ein feines Sieb passieren und beiseitestellen.

4. Den Spargel von oben nach unten schälen. Darauf achten, dass die Schalen vollständig entfernt, die Köpfe aber nicht verletzt werden. Die unteren Enden abschneiden (holzige Stellen vollkommen entfernen). Die Spargelstangen abspülen, abtropfen lassen und in etwa 4 cm lange Stücke schneiden.

5. Von dem Blumenkohl die Blätter und schlechten Stellen entfernen. Den Blumenkohl in Röschen teilen, waschen und abtropfen lassen.

6. Möhren putzen, schälen, abspülen, abtropfen lassen und je nach Größe in Scheiben schneiden oder der Länge nach halbieren.

7. Die Erbsen aus den Schoten palen, waschen und abtropfen lassen. Champignons putzen, mit Küchenpapier abreiben, eventuell abspülen, trocken tupfen und vierteln. Die Schalotten abziehen und in kleine Würfel schneiden.

8. Butter in einem großen Topf zerlassen. Schalottenwürfel darin andünsten und mit Mehl bestäuben. Beiseitegestellten Fond unter Rühren hinzugießen. Spargelstücke, Blumenkohlröschen und Möhrenscheiben oder -stücke hinzugeben. So viel heißes Wasser hinzugießen, dass die Gemüsezutaten mit Wasser bedeckt sind. Anschließend zum Kochen bringen. Den Eintopf zudeckt etwa 15 Minuten bei schwacher Hitze kochen lassen.

9. Kerbel abspülen und trocken tupfen. Die Blättchen von den Stängeln zupfen. Blättchen klein schneiden.

10. Nach etwa 15 Minuten Garzeit die Erbsen und die Champignons in den Eintopf geben, wieder zum Kochen bringen und zugedeckt weitere etwa 5 Minuten bei schwacher Hitze kochen lassen.

11. Sahne unterrühren. Anschließend die warm gestellten Hackbällchen hinzugeben. Das Leipziger Allerlei mit Salz, Pfeffer und Zitronensaft abschmecken.

LINSENEINTOPF

Zubereitungszeit: 35 Minuten, ohne Einweichzeit
Garzeit: 15–20 Minuten

ZUTATEN FÜR 6 PORTIONEN

200 g rote Linsen
200 g grüne Linsen
200 g schwarze Linsen
2 rote Zwiebeln
1 Knoblauchzehe
100 g Südtiroler Bauernspeck
500 g Lyoner Wurst (Fleischwurst)
1 dicke Möhre
100 g Knollensellerie
1 kleine Stange Lauch
2 EL Olivenöl
1 EL Zucker
2–3 EL Balsamico-Essig
2 l Fleischbrühe
1 Stängel Rosmarin
1 Lorbeerblatt
Salz
gem. Pfeffer

1 dickes Bund Schnittlauch
150 g Crème fraîche

PRO PORTION:

E: 40 g, F: 30 g, Kh: 59 g, kcal: 670

1. Die Linsen in ein Sieb geben, unter fließendem kalten Wasser abspülen, abtropfen lassen und in eine Schüssel geben. Kaltes Wasser hinzugießen, sodass die Linsen ganz bedeckt sind. Linsen über Nacht einweichen. Danach in einem Sieb abtropfen lassen. Das Einweichwasser dabei auffangen.

2. Zwiebeln und Knoblauch abziehen, jeweils in kleine Würfel schneiden. Bauernspeck in feine Streifen schneiden. Die Lyoner Wurst in etwa 1 cm große Würfel schneiden. Möhre und Sellerie putzen, schälen, abspülen, abtropfen lassen und ebenfalls in 1 cm große Würfel schneiden. Lauch putzen, die Stange längs halbieren, gründlich waschen, abtropfen lassen und in sehr kleine Stücke schneiden.

3. Das Olivenöl in einem Topf erhitzen. Zwiebel- und Knoblauchwürfel darin andünsten. Speckstreifen und Wurstwürfel hinzugeben und mitdünsten lassen.

4. Linsen, Möhren-, Selleriewürfel und Lauchstückchen hinzugeben. Mit Zucker bestreuen. Die Zutaten unter Rühren karamellisieren lassen. Mit Balsamico-Essig ablöschen. Die Brühe und das aufgefangene Einweichwasser hinzugießen, zum Kochen bringen.

5. Den Rosmarin abspülen, trocken tupfen und mit dem Lorbeerblatt hinzugeben. Mit Salz und Pfeffer würzen.

6. Den Eintopf zugedeckt 15–20 Minuten bei schwacher Hitze kochen lassen.

7. Schnittlauch abspülen, trocken tupfen und in kleine Röllchen schneiden. Den Eintopf nochmals mit den Gewürzen abschmecken und mit Schnittlauchröllchen bestreut servieren. Crème fraîche dazureichen.

LINSENEINTOPF, VEGETARISCH

Zubereitungszeit: 40 Minuten
Garzeit: 25–30 Minuten

ZUTATEN FÜR 4 PORTIONEN

1 Bund Suppengrün (Sellerie, Möhren, Lauch)
2 mittelgroße Zwiebeln
600 g festkochende Kartoffeln
250 g getrocknete Tellerlinsen
2 EL Speiseöl, z. B. Sonnenblumenöl
2 Lorbeerblätter
1 ½ l Gemüsebrühe
½ Bund glatte Petersilie
etwas Weißweinessig
Salz
gem. Pfeffer
etwas Zucker

PRO PORTION:

E: 20 g, F: 7 g, Kh: 51 g, kcal: 346

1. Sellerie schälen und schlechte Stellen herausschneiden. Möhren putzen und schälen. Sellerie und Möhren abspülen, abtropfen lassen. Lauch putzen, die Stange längs halbieren, gründlich waschen und abtropfen lassen.

2. Möhren in Scheiben, Sellerie in Würfel und Lauch in kleine Stücke schneiden. Zwiebeln abziehen und in kleine Würfel schneiden.

3. Kartoffeln schälen, abspülen, abtropfen lassen und in Würfel schneiden. Die Linsen in ein Sieb geben, mit kaltem Wasser abspülen und abtropfen lassen.

4. Das Speiseöl in dem Topf erhitzen. Gemüsestücke und Kartoffelwürfel hinzugeben und unter gelegentlichem Rühren andünsten. Lorbeerblätter und Gemüsebrühe hinzufügen.

5. Die Linsen ebenfalls in den Topf geben. Die Zutaten zum Kochen bringen und zugedeckt 25–30 Minuten bei mittlerer Hitze köcheln lassen.

6. Petersilie abspülen, trocken tupfen, die Blätter von den Stängeln zupfen und klein schneiden. Den Eintopf mit Essig, Salz, Pfeffer und Zucker abschmecken. Die Lorbeerblätter herausnehmen. Den Eintopf mit Petersilie bestreut servieren.

TIPPS:

Reichen Sie noch einige Scheiben Vollkorn- oder Roggenbrot zum Eintopf.
Den Eintopf zum Servieren nach Belieben mit 1–2 Esslöffeln gehobeltem Parmesan bestreuen.

ABWANDLUNG:

Schneller geht es, wenn Sie den Linseneintopf mit Linsen aus der Dose zubereiten. Dazu die vorbereiteten Kartoffeln in 1 Liter Gemüsebrühe etwa 15 Minuten bei mittlerer Hitze zugedeckt kochen. Dann 1 Dose Linsen mit Suppengrün (800 g) hinzufügen und alles noch weitere 5 Minuten kochen. Den Eintopf mit Salz, Pfeffer, Essig und Zucker abschmecken.

REZEPTVARIANTE:

Für einen **Linseneintopf mit Mettwürstchen** die Kartoffelmenge auf 375 g reduzieren und zusätzlich 4 Mettwürstchen (Rauchenden, je etwa 90 g) etwa 5 Minuten vor dem Garzeitende darin mit erhitzen.

LOW-CARB-BLUMENKOHL-EINTOPF, ORIENTALISCH

Zubereitungszeit: 20 Minuten
Garzeit: etwa 25 Minuten

ZUTATEN FÜR 4 PERSONEN

2 Zwiebeln
2 Knoblauchzehen
1 kleiner Blumenkohl (etwa 800 g)
2 Möhren
1 Stange Lauch (etwa 125 g)
2 Stängel Zitronengras (aus dem Asialaden)
2 EL Speiseöl
Salz, gem. Pfeffer
mildes Currypulver
1,2 l Gemüsebrühe
1 Lorbeerblatt
265 g abgetropfte, gegarte Kichererbsen (aus der Dose)

FÜR DAS TOPPING:

½ kleiner Granatapfel
25 g geschälte Pistazienkerne
400 g Hähnchenbrustfilet
1 EL Speiseöl
1 Prise gem. Piment
1 Prise gem. Gewürznelke

PRO PORTION:

E: 39 g, F: 19 g, Kh: 27 g, kcal: 459

1. Zwiebeln und Knoblauch abziehen, in feine Streifen schneiden. Blumenkohl putzen, in Röschen teilen, abspülen und abtropfen lassen. Möhren putzen, schälen, abspülen, abtropfen lassen und in Scheiben schneiden. Lauch putzen, die Stange längs halbieren, gründlich waschen, abtropfen lassen und in Streifen schneiden.

2. Vom Zitronengras die äußeren, evtl. angetrockneten Blätter entfernen. Zitronengras in Stücke schneiden und z. B. mit einem Fleischklopfer leicht plattieren. Speiseöl in einem Topf erhitzen. Zwiebel- und Knoblauchstreifen darin unter Wenden goldbraun anbraten. Möhrenscheiben, Lauchstreifen und Zitronengrasstücke hinzugeben und mit andünsten. Blumenkohlröschen ebenfalls hinzugeben. Alles mit Salz, Pfeffer und Curry kräftig würzen. Brühe hinzugießen und zum Kochen bringen. Lorbeerblatt hinzugeben. Die Suppe bei schwacher bis mittlerer Hitze etwa 10 Minuten kochen lassen, dabei gelegentlich vorsichtig umrühren.

3. In der Zwischenzeit Kichererbsen in ein Sieb geben, mit kaltem Wasser abspülen und abtropfen lassen.

4. Für das Topping Granatapfel aufbrechen, die Kerne herauslösen. Pistazienkerne in einer beschichteten Pfanne ohne Fett anrösten, auf einen Teller geben.

5. Kichererbsen zum Eintopf geben und die Zutaten weitere 5–8 Minuten garen.

6. Jeweils etwa ein Drittel der Gemüseeinlage und Brühe aus dem Topf nehmen, in einen hohen Mixbecher geben und fein pürieren. Dann wieder unter den restlichen Eintopf mischen und alles weitere etwa 5 Minuten leicht kochen lassen.

7. Hähnchenbrustfilet mit Küchenpapier abtupfen und in feine Streifen schneiden. Speiseöl in der Pfanne erhitzen, die Filetstreifen darin unter Wenden knusprig braun anbraten. Mit Salz, Pfeffer, Piment und Gewürznelke aromatisch würzen. Pistazien- und Granatapfelkerne untermischen.

8. Den Eintopf nochmals mit den Gewürzen abschmecken, mit dem Hähnchenfilet-Topping anrichten.

LOW-CARB-PAK-CHOI-PHO MIT RINDFLEISCH

Zubereitungszeit: 15 Minuten
Garzeit: 10–14 Minuten

ZUTATEN FÜR 4 PORTIONEN

1 Stück Ingwerwurzel (etwa 4 cm)
2 Knoblauchzehen
2 Stängel Zitronengras
2 EL Sesamöl
2 Sternanis
150 g Shiitakepilze oder rosé Champignons
1 l kräftige Gemüse- oder Fleischbrühe
400 g Mini-Pak-Choi
1 kleine Bio-Limette
(unbehandelt, ungewachst)
1 kleine rote Chilischote
125 g Mungobohnensprossen
Sojasauce

200–300 g Roastbeef-Aufschnitt
2–3 EL Sesamsamen

PRO PORTION:

E: 18 g, F: 17 g, Kh: 6 g, kcal: 254

1. Ingwer schälen und Knoblauch abziehen, beides in feine Würfel schneiden. Zitronengras putzen, dafür die äußeren, evtl. angetrockneten Blätter entfernen. Den Stängel halbieren und mit einem Fleischklopfer leicht plattieren.

2. Sesamöl in einem Topf erhitzen. Ingwer-, Knoblauchwürfel und Zitronengras darin unter Wenden andünsten. Sternanis hinzugeben und kurz mitdünsten.

3. Die Pilze putzen, evtl. feste Stiele abschneiden. Pilze evtl. kurz abspülen, gut trocken tupfen und in Scheiben schneiden. Pilzscheiben mit in den Topf geben und unter Wenden etwa 2 Minuten anbraten. Die Brühe hinzugießen, zum Kochen bringen und etwa 5 Minuten bei schwacher Hitze kochen lassen.

4. Pak Choi oder Kohl putzen, abspülen und abtropfen lassen. Pak Choi zur Brühe in den Topf geben und etwa 2 Minuten mitkochen lassen.

5. In der Zwischenzeit Limette heiß abwaschen, abtrocknen und in Scheiben schneiden. Die Chilischote putzen, abspülen, trocken tupfen und entstielen. Chilischote in Stücke schneiden. Sprossen verlesen, mit kaltem Wasser gründlich abspülen und abtropfen lassen. Sprossen, Limettenscheiben und Chilistücke in die Brühe geben und alle Zutaten weitere 3–4 Minuten kochen lassen.

6. Limettenscheiben nach Belieben aus der Brühe entfernen. Brühe mit Sojasauce abschmecken. Gemüse und Brühe in vorgewärmten Suppenschalen verteilen, Roastbeefscheiben aufrollen und darauf anrichten. Mit Sesam bestreut servieren.

TIPP:

Statt Pak Choi kann auch 400 g geputzter, in breite Streifen geschnittener Chinakohl mit in der Brühe gegart werden.

MAROKKANISCHER KÜRBISTOPF

Zubereitungszeit: 45 Minuten
Garzeit: etwa 80 Minuten

ZUTATEN FÜR 6 PORTIONEN

900 g Lammfleisch (aus der Schulter)
Salz
gem. Pfeffer
24 kleine Schalotten
2 Knoblauchzehen
2 EL Olivenöl
1 TL gem. Ingwer
1 TL Kreuzkümmel
1 Msp. gem. Safran
1 kg Kürbis, z. B. Hokkaido
1 Bund Minze

PRO PORTION:

E: 33 g, F: 14 g, Kh: 10 g, kcal: 300

1. Lammfleisch mit Küchenpapier trocken tupfen und in Würfel schneiden. Mit Salz und Pfeffer würzen. Schalotten und Knoblauch abziehen. Knoblauch in sehr kleine Würfel schneiden.

2. Olivenöl in einem großen Topf erhitzen. Die Lammwürfel darin kurz von allen Seiten anbraten. Schalotten und Knoblauch hinzugeben und unter mehrmaligem Wenden mitbraten lassen. Mit Ingwer, Kreuzkümmel und Safran würzen. So viel Wasser hinzugießen, dass die Lammwürfel knapp bedeckt sind, zum Kochen bringen. Zugedeckt etwa 60 Minuten garen.

3. In der Zwischenzeit den Kürbis schälen, halbieren und die Kerne mit einem Löffel herauskratzen. Das Fruchtfleisch in schalottengroße Stücke schneiden.

4. Die Kürbisstücke nach etwa 60 Minuten Garzeit zu den Lammwürfeln in den Topf geben. So viel Wasser hinzugießen, dass das Kürbisfleisch mit Wasser bedeckt ist. Die Zutaten wieder zum Kochen bringen und zugedeckt weitere 20 Minuten garen. Den Kürbistopf mit den Gewürzen abschmecken.

5. Minze abspülen und trocken tupfen. Die Blättchen von den Stängeln zupfen. Blättchen in grobe Streifen schneiden. Den Kürbistopf in Suppenschalen anrichten und mit den Minzestreifen bestreuen.

BEILAGE:

Reis.

MEDITERRANER FISCHEINTOPF

Zubereitungszeit: 30 Minuten, ohne Auftauzeit
Garzeit: etwa 10 Minuten

ZUTATEN FÜR 6 PORTIONEN

500 g kleine TK-Tintenfische
225 g TK-Shrimps
300 g TK-Tilapia- oder Rotbarbenfilets
120 g abgetropfte Miesmuscheln (aus dem Glas)
2 mittelgroße Zucchini (etwa 400 g)
3 Fleischtomaten
6 EL Olivenöl
800 ml Fischfond oder Gemüsebrühe
3 Knoblauchzehen
1 Pck. TK-Kräuter der Provence (25 g)
Salz, gem. Pfeffer
1 Bund Zitronenthymian

PRO PORTION:

E: 34 g, F: 13 g, Kh: 7 g, kcal: 280

1. TK-Meeresfrüchte und Fischfilets nach Packungsanleitung auftauen. Anschließend mit Küchenpapier trocken tupfen. Fischfilets in Stücke schneiden, dabei eventuell die Gräten entfernen. Miesmuscheln in einem Sieb abtropfen lassen.

2. Die Zucchini waschen, abtrocknen und die Enden abschneiden. Zucchini längs halbieren und in dicke Scheiben schneiden.

3. Die Tomaten kreuzweise einschneiden, mit kochendem Wasser übergießen, nach 1–2 Minuten herausnehmen und mit kaltem Wasser abschrecken. Tomaten häuten, halbieren und entkernen, dabei die Stängelansätze herausschneiden. Tomaten nochmals halbieren und beiseitelegen.

4. Jeweils etwas Olivenöl in einem großen Topf erhitzen. Meeresfrüchte und Fischstücke darin portionsweise andünsten. Die Zucchinischeiben hinzufügen. Fischfond oder Gemüsebrühe hinzugießen. Knoblauch abziehen, durch eine Knoblauchpresse drücken und mit den gefrorenen Kräutern unter den Eintopf rühren. Mit Salz und Pfeffer würzen.

5. Den Eintopf zum Kochen bringen. Die Zutaten etwa 10 Minuten bei schwacher Hitze gar ziehen lassen. Beiseitegelegte Tomatenwürfel und Muscheln unterrühren, kurz miterhitzen.

6. Den Zitronenthymian abspülen und trocken tupfen. Einige Stängel beiseitelegen. Die Blättchen von den restlichen Stängeln zupfen. Die Blättchen klein schneiden und unter den Fischeintopf rühren.

7. Den Eintopf mit den beiseitegelegten Thymianzweigen garniert servieren.

TIPP:

Den Zitronenthymian können Sie durch getrockneten Thymian und 1–2 Teelöffel Zitronensaft ersetzen.

MEERESFRÜCHTESUPPE

Zubereitungszeit: 25 Minuten, ohne Auftauzeit
Garzeit: etwa 75 Minuten

ZUTATEN FÜR 4 PORTIONEN

500 g gemischte TK-Meeresfrüchte
8 TK-Garnelen (etwa 200 g)
2 rote Peperoni (etwa 20 g)
je 1 rote und grüne Paprikaschote (etwa 400 g)
1 Stängel Zitronengras
100 g Langkornreis
Salz, gem. Pfeffer
1 EL rosa Pfefferbeeren
2 EL Fischsauce (erhältlich im Asialaden) oder Sojasauce
400 ml Kokosmilch (aus der Dose)

ZUSÄTZLICH:

Römertopf® (3-Liter-Inhalt)

PRO PORTION:

E: 33 g, F: 20 g, Kh: 30 g, kcal: 436

1. Meeresfrüchte und Garnelen nach Packungsanleitung auftauen oder antauen lassen.

2. Die Peperoni längs aufschneiden und entkernen. Paprikaschoten halbieren, entstielen, entkernen und die weißen Scheidewände entfernen. Peperoni und Paprikaschoten waschen und trocken tupfen. Die Peperoni quer in schmale Streifen, Paprikaschoten in grobe Würfel schneiden.

3. Zitronengrasstängel von der äußeren Schale befreien, abspülen, trocken tupfen und längs vierteln (so kann das Aroma besser in das Kochgut übergehen).

4. Die Meeresfrüchte und Garnelen mit Küchenpapier trocken tupfen und in eine Schüssel geben. Peperonistreifen, Paprikawürfel und Reis hinzufügen, gut vermischen. Mit Salz, Pfeffer, Pfefferbeeren, Fisch- oder Sojasauce und Zitronengrasstücken würzen. Die Meeresfrüchte-Garnelen-Mischung in den gewässerten Römertopf® geben. Kokosmilch hinzugießen.

5. Den Römertopf® mit dem Deckel verschließen und auf dem Rost in den kalten Backofen (untere Einschubleiste) schieben.
Ober-/Unterhitze: etwa 220 °C
Heißluft: etwa 200 °C

6. Nach etwa 75 Minuten Garzeit den Römertopf® aus dem Backofen nehmen. Die Zitronengrasstücke entfernen, die Meeresfrüchtesuppe in Suppenschalen anrichten und servieren.

MILCHSUPPE MIT SCHNEEKLÖSSCHEN

Zubereitungszeit: 25 Minuten
+ Vegetarisch

ZUTATEN FÜR 4 PORTIONEN

FÜR DIE SUPPE:

1 Pck Pudding-Pulver Vanille-, Mandel- oder Sahne-Geschmack
60 g Zucker, 1 Prise Salz
1 l Milch
1 Eigelb (Größe M)
½ Bio-Zitrone (unbehandelt, ungewachst)

FÜR DIE SCHNEEKLÖSSCHEN:

1 Eiweiß (Größe M)
1 schwach geh. TL Zucker

PRO PORTION:

E: 9 g, F: 9 g, Kh: 34 g, kcal: 281

1. Für die Suppe Pudding-Pulver mit Zucker und Salz mischen. Mit mindestens 6 Esslöffeln von der Milch anrühren. Eigelb unterrühren. Die Zitronenhälfte heiß abwaschen, abtrocknen und die Schale dünn abschälen. Restliche Milch mit der Zitronenschale in einem großen Topf zum Kochen bringen.

2. Angerührtes Pudding-Pulver in die von der Kochstelle genommene Milch rühren und unter Rühren kurz aufkochen lassen. Anschließend die Zitronenschale entfernen.

3. Für die Schneeklößchen Eiweiß mit Zucker sehr steif schlagen. Mit zwei Teelöffeln kleine Klößchen abstechen und auf die Suppe setzen. Die Klößchen zugedeckt etwa 5 Minuten in der Suppe gar ziehen lassen (Flüssigkeit muss sich leicht bewegen).

TIPPS:

Die Suppe nach Belieben mit Zimt-Zucker bestreuen oder 50 g Rosinen mitkochen.
Die Milchsuppe mit fein geschnittener Zitronenschale und Minzblättchen garnieren.

REZEPTVARIANTE 1:

Für eine **Schokoladensuppe** die Suppe mit 1 Päckchen Pudding-Pulver Schokoladen-Geschmack und 75 g Zucker, aber ohne Zitronenschale zubereiten. Dafür nach Belieben 1 Stück Zimtstange mitkochen und vor dem Verzehr entfernen.

REZEPTVARIANTE 2:

Für eine **Grießsuppe** 1 Liter Milch mit Zitronenschale aufkochen. 60 g Weichweizengrieß und 60 g Zucker mischen, unter Rühren hinzugeben und ohne Deckel etwa 5 Minuten quellen lassen. Nach Belieben Zitronenschale entfernen. Die Suppe warm oder kalt servieren.

REZEPTVARIANTE 3:

Für einen **Haferschleim** 1 Liter Milch mit Zitronenschale aufkochen. 40 g Haferflocken und 1 Prise Salz unterrühren. Einmal kurz aufkochen und dann ohne Deckel etwa 10 Minuten bei schwacher Hitze quellen lassen, dabei gelegentlich umrühren. Zum Schluss die Zitronenschale entfernen und 50 g Zucker sowie 1 Päckchen Vanillin-Zucker unterrühren.

MINESTRONE (GEMÜSESUPPE MIT NUDELN)

Zubereitungszeit: 40 Minuten
Garzeit: 15–20 Minuten

ZUTATEN FÜR 4 PORTIONEN

200 g Möhren
300 g vorwiegend festkochende Kartoffeln
1 kleine Zucchini (etwa 150 g)
1 Stange Lauch (etwa 200 g)
100 g Staudensellerie
100 g grüne Bohnen
2 Zwiebeln
50 g durchwachsener Speck
2 große Tomaten (etwa 400 g)
2 EL Olivenöl
1 l Gemüsebrühe
100 g TK-Erbsen
50 g Gabelspaghetti oder Hörnchennudeln
je 2 EL fein geschnittene Petersilien- und Basilikumblättchen
Salz
Paprikapulver rosenscharf
40 g frisch ger. Parmesan

PRO PORTION:

E: 14 g, F: 13 g, Kh: 32 g, kcal: 305

1. Die Möhren putzen, schälen, abspülen, abtropfen lassen und würfeln. Die Kartoffeln schälen, abspülen, abtropfen lassen und in kleine Würfel schneiden.

2. Zucchini abspülen, abtrocknen und die Enden abschneiden. Zucchini in Scheiben schneiden. Lauch putzen, von den äußeren Blättern befreien. Das Wurzelende und dunkles Grün (etwa ¼ der Stange) abschneiden. Die Lauchstange längs halbieren, gründlich waschen und abtropfen lassen. Lauch in kleine Stücke schneiden.

3. Staudensellerie putzen, abspülen und abtropfen lassen. Sellerie in dünne Scheiben schneiden.

4. Von den Bohnen die Enden abschneiden. Die Bohnen evtl. abfädeln, abspülen, abtropfen lassen und in Stücke schneiden. Zwiebeln abziehen und in Würfel schneiden. Speck in kleine Würfel schneiden.

5. Die Tomaten kreuzweise einschneiden und mit kochendem Wasser übergießen. Nach 1–2 Minuten herausnehmen und mit kaltem Wasser abschrecken. Tomaten häuten, halbieren und die Stängelansätze herausschneiden. Tomaten entkernen und klein schneiden.

6. Das Olivenöl in dem Topf erhitzen. Zuerst die Zwiebel- und Speckwürfel unter Rühren darin andünsten. Möhren, Kartoffeln, Staudensellerie und Bohnen dazugeben und etwa 2 Minuten mitdünsten.

7. Gemüsebrühe hinzugießen, alles zum Kochen bringen und zugedeckt 10–12 Minuten bei mittlerer Hitze kochen. Zucchini, Lauch, Erbsen und Nudeln hinzufügen, wieder zum Kochen bringen und noch 5–7 Minuten mit Deckel kochen.

8. Tomaten mit Petersilie und Basilikum in die Suppe geben und darin erhitzen. Die Suppe mit Salz und Paprikapulver würzen. Zum Servieren Parmesan auf die Suppe streuen.

TIPPS:

Minestrone zusätzlich mit Basilikumblättchen servieren.
Die Nudeln immer nur knapp gar kochen (Packungsanleitung beachten), da sie in der heißen Suppe noch nachgaren.

MISOSUPPE MIT TOFU UND ALGEN

Zubereitungszeit: 25 Minuten
+ Vegan

ZUTATEN FÜR 4 PORTIONEN

4 Frühlingszwiebeln
2 Möhren
1 rote Paprikaschote
50 g Zuckerschoten
80 g Shiitakepilze oder braune Champignons
100 g Tofu
1 EL Rapsöl
6 EL helle Misopaste (fermentierte Sojabohnenpaste, erhältlich im Asialaden)
2 EL getrocknete Wakame-Algen oder andere getrocknete Meeresalgen (erhältlich im Asialaden)

PRO PORTION:

E: 9 g, F: 6 g, Kh: 21 g, kcal: 173

1. Die Frühlingszwiebeln putzen, abspülen, abtropfen lassen und schräg in dünne Scheiben schneiden. Die Möhren putzen, schälen, abspülen, abtropfen lassen und in dünne Scheiben schneiden.

2. Paprika halbieren, entstielen, entkernen. Weiße Scheidewände entfernen. Schote abspülen, abtropfen lassen, in feine Streifen schneiden. Von den Zuckerschoten die Enden abschneiden, dabei die Fäden abziehen. Schoten abspülen, abtropfen lassen, in Stücke schneiden.

3. Die Pilze putzen, mit Küchenpapier abreiben, evtl. abspülen und auf Küchenpapier abtropfen lassen. Angetrocknete Stielenden der Shiitakepilze entfernen. Die Pilze je nach Größe etwas kleiner schneiden. Tofu in etwa 1 cm große Würfel schneiden.

4. Rapsöl in dem Topf erhitzen. Die Frühlings- und Möhrenscheiben, Paprikastreifen und Zuckerschotenstücke hinzufügen, kurz unter Rühren andünsten. 800 ml kochendes Wasser hinzugießen und alles zum Kochen bringen. Den Topf von der Kochstelle nehmen.

5. Die Misopaste in eine kleine Schüssel geben und etwa 6 Esslöffel von der Suppe (Brühe) unterrühren.

6. Die Misopasten-Masse unter die Suppe rühren, die Suppe aber nicht mehr kochen lassen. Pilzstücke, Tofuwürfel und Algen in die Suppe geben, unterrühren und bei schwacher Hitze darin erwärmen.

TIPPS:

Nach Belieben die Misosuppe mit etwas Sojasauce nachwürzen.
Die Misosuppe ist ein fester Bestandteil in der japanischen Esskultur und die Misopaste die Basis für viele Gerichte in Japan. Misopaste wird oftmals in verschiedenen Geschmacksnuancen (mit und ohne Zusatzstoffe und Geschmacksverstärker, von süßlich-mild über herzhaft-würzig bis sehr salzig; je nach Getreidesorte und Dauer des Fermentierens) angeboten. Probieren Sie einfach die Produktpalette durch, bis Sie Ihren Favoriten gefunden haben.
Algen haben teilweise einen sehr hohen Jodgehalt, da sie bis zu einem Jahr im Meerwasser wachsen können, bevor sie geerntet werden. Algen sollten deshalb nur maßvoll gegessen werden und bei Schilddrüsenüberfunktion (ähnlich wie Jodsalz) eher gemieden werden.

MÖHREN-INGWER-SUPPE MIT RIESENGARNELEN

Zubereitungszeit: 30 Minuten
Garzeit: etwa 15 Minuten

ZUTATEN FÜR 4 PORTIONEN

500 g Möhren
1 Zwiebel
1 walnussgroßes Stück Ingwerwurzel
50 g Butter
1 Prise Zucker
80 ml frisch gepresster Orangensaft
800 ml Gemüsebrühe
4 Riesengarnelen (frisch oder TK)
1 EL Speiseöl
Salz
gem. Pfeffer
2 EL Zitronen- oder Limettensaft
100 g Schlagsahne oder Crème fraîche
etwas süßscharfe Chilisauce
(Sweet Chicken Sauce)
etwas gehackte Petersilie

PRO PORTION:

E: 5 g, F: 17 g, Kh: 8 g, kcal: 219

1. Die Möhren putzen, schälen, abspülen, abtropfen lassen und in Würfel schneiden. Die Zwiebel abziehen, ebenfalls in Würfel schneiden. Ingwer schälen und in kleine Stücke schneiden. Butter in einem Topf zerlassen. Möhren-, Zwiebelwürfel und Ingwerstücke darin mit etwas Zucker andünsten. Orangensaft und Brühe hinzugießen, zum Kochen bringen und zugedeckt etwa 15 Minuten bei mittlerer Hitze garen.

2. Die frischen oder aufgetauten Garnelen längs fast ganz aufschneiden, aufklappen und den Darm entfernen (schwarzer Faden). Garnelen mit Küchenpapier trocken tupfen.

3. Das Speiseöl in einer Pfanne erhitzen, die Garnelen darin auf der Innenseite scharf anbraten. Mit Salz und Pfeffer würzen, mit Zitronen- oder Limettensaft ablöschen, zugedeckt warm stellen.

4. Sahne oder Crème fraîche und die Chilisauce in die Suppe geben. Die Suppe mit einem Pürierstab fein pürieren und nochmals leicht erwärmen (nicht mehr kochen lassen). Mit Salz und Pfeffer abschmecken. Die Suppe in Schälchen verteilen. Die angebratenen Garnelen in die Suppe geben. Die Suppe mit gehackter Petersilie bestreuen.

MÖHRENSUPPE MIT ROTEN LINSEN UND MINZE

Zubereitungszeit: 30 Minuten
Garzeit: 15–17 Minuten
+ Vegetarisch

ZUTATEN FÜR 4 PORTIONEN

750 g Möhren
10 g Ingwerwurzel
1 rote Peperoni
1 ½ EL Speiseöl
90 g getrocknete, rote Linsen
gem. Pfeffer
1 Msp. gem. Kardamom
650 ml Gemüsebrühe
6 Blättchen Minze
Salz, ger. Muskatnuss

PRO PORTION:

E: 7 g, F: 4 g, Kh: 16 g, kcal: 135

1. Möhren putzen, schälen, abspülen, abtropfen lassen und in kleine Würfel schneiden. Ingwer schälen und klein würfeln. Peperoni längs aufschneiden, entkernen, abspülen, trocken tupfen und in feine Streifen schneiden.

2. Öl in einem Topf erhitzen. Möhren-, Ingwerwürfel und Peperonistreifen darin etwa 5 Minuten unter gelegentlichem Rühren andünsten.

3. Linsen, Pfeffer und Kardamom hinzufügen, etwa 2 Minuten mit andünsten. Brühe hinzugießen. Die Zutaten zum Kochen bringen, zugedeckt 8–10 Minuten bei schwacher Hitze leicht köcheln lassen.

4. In der Zwischenzeit die Minzeblättchen waschen, trocken tupfen und in feine Streifen schneiden. Die Suppe mit Salz und Muskat abschmecken.

5. Die Suppe in Suppentassen füllen und mit Minzeblättchen garniert servieren.

TIPP:

Minze übrig? Kein Problem – sie schmeckt gut im selbst gemachten Tee. Dafür die restlichen Minzblättchen mit Stielen waschen und trocken tupfen. Minzstiele in eine Teekanne geben, mit kochendem Wasser überbrühen und 5–8 Minuten ziehen lassen. Den Tee dann abseihen.

OLDENBURGER ENTENTOPF

Zubereitungszeit: 45 Minuten, ohne Einweichzeit
Garzeit: etwa 90 Minuten
▲ Mit Alkohol

ZUTATEN FÜR 6 PORTIONEN

100 g getrocknete, weiße Bohnen
1 Bund Suppengrün
(Knollensellerie, Möhre, Lauch)
2 Zwiebeln
2 Knoblauchzehen
4 große Entenkeulen (je etwa 300 g)
Salz
gem. Pfeffer
2–3 EL Olivenöl
2 EL Tomatenmark
200 ml Rotwein
1 Bund Thymian
evtl. Wasser oder Hühnerbrühe

PRO PORTION:

E: 23 g, F: 18 g, Kh: 12 g, kcal: 319

1. Bohnen in kaltem Wasser über Nacht (mindestens 12 Stunden) einweichen.

2. Möhre, Sellerie und Lauch putzen. Dann Möhre und Sellerie schälen, abspülen, abtropfen lassen und in etwa 2 cm große Würfel schneiden. Die Lauchstange längs halbieren, gründlich waschen, abtropfen lassen und in kleine Stücke schneiden. Die Zwiebeln und den Knoblauch abziehen, ebenfalls klein würfeln.

3. Entenkeulen mit Küchenpapier abtupfen. Entenkeulen mit Salz und Pfeffer würzen.

4. Den Backofen vorheizen.
Ober-/Unterhitze: etwa 160 °C
Heißluft: etwa 140 °C

5. Olivenöl in einem breiten, feuerfesten Topf erhitzen. Die Entenkeulen darin von allen Seiten anbraten und herausnehmen. Zwiebel-, Knoblauchwürfel und das vorbereitete Suppengrün in dem verbliebenen Bratfett unter Rühren andünsten. Tomatenmark unterrühren und kurz mitdünsten lassen. Mit Rotwein ablöschen.

6. Thymian abspülen und trocken tupfen. Die Blättchen von den Stängeln zupfen. Die Bohnen mit dem Einweichwasser und die Hälfte der Thymianblättchen zu dem Gemüse in den Topf geben. Mit Salz und Pfeffer würzen. Die Entenkeulen auf das Gemüse setzen. Sie sollen in der Flüssigkeit schwimmen. Eventuell mit Wasser oder Hühnerbrühe auffüllen.

7. Den Topf mit dem Deckel verschließen und auf dem Rost in den vorgeheizten Backofen schieben. Die Entenkeulen **etwa 90 Minuten garen.**

8. Die Entenkeulen nach etwa 90 Minuten Garzeit mit einer Gabel einstechen und prüfen, ob das Fleisch weich ist. Falls nicht, die Garzeit um etwa 15 Minuten verlängern und verdampfte Flüssigkeit durch Wasser ersetzen.

9. Die garen Entenkeulen aus dem Topf nehmen und das Fleisch von den Knochen lösen. Die Haut entfernen. Das Fleisch in mundgerechte Stücke schneiden und wieder zu dem Gemüse in den Topf geben. Den Ententopf mit Salz und Pfeffer abschmecken. Restliche Thymianblättchen unterrühren.

ONE POT MIT WIRSING UND KÄSE

Zubereitungszeit: 10 Minuten
Garzeit: etwa 15 Minuten

ZUTATEN FÜR 4 PORTIONEN

1 Zwiebel (etwa 60 g)
1 EL Speiseöl
100 g Räucherspeck in feinen Würfeln
750 g zarter Wirsing- oder Spitzkohl
1,2 l kräftige Fleischbrühe
etwas Salz
gem. Pfeffer
ger. Muskatnuss
150 g kleine Hörnchennudeln

100 g Schlagsahne
200 g Schmelzkäse nach Geschmack, z. B. „Sahnig"
2–3 Tomaten
evtl. 1–2 EL klein geschnittene, glatte Petersilie

PRO PORTION:

E: 23 g, F: 45 g, Kh: 36 g, kcal: 645

1. Die Zwiebel abziehen und klein schneiden. Speiseöl in einem Topf erhitzen, die Zwiebelwürfel darin unter Wenden goldgelb anbraten. Speckwürfel untermischen und alles bei schwacher bis mittlerer Hitze unter Rühren goldbraun rösten.

2. In der Zwischenzeit Kohl putzen, abspülen und abtropfen lassen. Die dicken Blattrippen herausschneiden und den Kohl in etwa 2 cm große Stücke schneiden. Die Kohlstücke zu den Speckwürfeln in den Topf geben und etwa 2 Minuten unter Wenden schmoren.

3. Mit der Fleischbrühe ablöschen. Mit Salz, Pfeffer und kräftig mit Muskat würzen und zum Kochen bringen. Zugedeckt bei schwacher Hitze etwa 5 Minuten leicht kochen lassen.

4. Die Temperatur wieder erhöhen und den Eintopf kräftig kochen lassen. Dann die Nudeln unter Rühren einstreuen. Den Eintopf bei schwacher Hitze unter gelegentlichem Rühren 8–10 Minuten kochen lassen.

5. Sahne und Schmelzkäse in einem kleinen Topf unter Rühren erwärmen und den Käse schmelzen lassen. Tomaten abspülen, trocken tupfen, halbieren und die Stängelansätze herausschneiden. Tomaten würfeln.

6. Sahne-Käse-Mix mit den Tomatenwürfeln, bis auf 2 Esslöffel, unter den Eintopf rühren und weitere 1–2 Minuten bei schwacher Hitze kochen lassen.

7. Eintopf nochmals mit den Gewürzen abschmecken, mit restlichen Tomatenwürfeln und nach Belieben mit Petersilie servieren.

ORIENTALISCHER KICHERERBSENEINTOPF MIT LAMM

Zubereitungszeit: 30 Minuten
Garzeit: etwa 90 Minuten

ZUTATEN FÜR 4–6 PORTIONEN

1 kg mageres Lammfleisch
Salz
gem. Pfeffer
120 ml Olivenöl
6 Knoblauchzehen
1 TL gem. Ingwer
1 Msp. gem. Safran
530 g abgetropfte Kichererbsen (aus Dosen)
2 dicke Möhren
1 Bund Petersilie
1 TL gem. Kreuzkümmel (Cumin)

PRO PORTION:

E: 48 g, F: 40 g, Kh: 22 g, kcal: 640

1. Das Lammfleisch mit Küchenpapier trocken tupfen und in etwa 50 g schwere Würfel schneiden. Mit Salz und Pfeffer würzen.

2. Olivenöl in einem Bräter oder Schmortopf erhitzen. Die Lammfleischwürfel darin von allen Seiten anbraten. Knoblauch abziehen, durch eine Knoblauchpresse drücken. Mit dem Ingwer zu den Fleischwürfeln geben und kurz mitdünsten lassen. Safran hinzugeben.

3. Ein Liter Wasser hinzugießen und zum Kochen bringen. Die Lammfleischwürfel zugedeckt etwa 60 Minuten bei mittlerer Hitze garen.

4. In der Zwischenzeit die Kichererbsen in ein Sieb geben, mit kaltem Wasser abspülen und abtropfen lassen. Die Möhren putzen, schälen, abspülen, abtropfen lassen und in sehr kleine Würfel schneiden (kichererbsengroß).

5. Die Kichererbsen und Möhrenstückchen nach etwa 60 Minuten Garzeit zu den Lammfleischwürfeln in den Topf geben. Den Eintopf wieder zum Kochen bringen und zugedeckt weitere etwa 30 Minuten garen.

6. Petersilie abspülen und trocken tupfen. Die Blättchen von den Stängeln zupfen. Die Blättchen klein schneiden.

7. Den orientalischen Kichererbseneintopf mit Kreuzkümmel, Salz und Pfeffer würzen. Die Petersilie unterrühren.

TIPPS:

Statt des Lammfleischs können Sie auch 1 kg Hühnerbrust- oder Putenbrustfilet verwenden. Die Garzeit beträgt dann nur etwa 20 Minuten. Möchten Sie keine Kichererbsen aus der Dose verwenden, können Sie auch getrocknete Kichererbsen nehmen. Dann die getrockneten Kichererbsen vor dem Kochen mindestens 12 Stunden (am besten über Nacht) in kaltem Wasser einweichen (400 g Kichererbsen in 1 ½ Liter Wasser). Samen, die im Einweichwasser oben schwimmen, sollten Sie aussortieren und wegwerfen. Die übrigen Kichererbsen nach Ablauf der Einweichzeit abspülen und in frischem Wasser kochen. Im Einweichwasser können sich unverdauliche Stoffe lösen. Die Garzeit beträgt mindestens 45–60 Minuten.

PAPRIKA-CHILI-SUPPE MIT KÄSE-CROSTINI

◐ Zubereitungszeit: 20 Minuten
Garzeit: etwa 12 Minuten
+ Vegetarisch

ZUTATEN FÜR 4 PORTIONEN

FÜR DIE SUPPE:

500 g rote Paprikaschoten
1 große Zwiebel
1 Knoblauchzehe
40 g Butter
30 g brauner Zucker
400 ml passierte Tomaten (aus der Dose)
300 ml Apfelsaft
400 ml heiße Gemüsebrühe
Salz
gem. Pfeffer
½ gestr. TL mildes Currypulver
1–2 Prisen grob geschroteter Chili

FÜR DIE KÄSE-CROSTINI:

100–200 g weicher Edelpilzkäse ohne Rinde, z. B. Gorgonzola
gem. Pfeffer
1–2 Msp. abger. Bio-Zitronenschale
4–6 Scheiben Vollkorn-Toast oder Weizenmischbrot

ZUM VERFEINERN:

150 g Crème fraîche

PRO PORTION:

E: 14 g, F: 33 g, Kh: 38 g, kcal: 512

1. Für die Suppe Paprikaschoten halbieren, entstielen, entkernen und die weißen Scheidewände entfernen. Schotenhälften abspülen, abtropfen lassen und nach Belieben mit einem Sparschäler schälen. Schotenhälften grob würfeln. Zwiebel und Knoblauch abziehen, in feine Würfel schneiden.

2. Butter in einem Topf zerlassen. Zwiebel- und Knoblauchwürfel hinzugeben und glasig dünsten. Zucker daraufstreuen und karamellisieren lassen.

3. Paprikawürfel hinzugeben, etwa 2 Minuten mit andünsten. Tomaten, Apfelsaft und Brühe hinzugießen und zum Kochen bringen. Mit Salz, Pfeffer, Curry und Chili würzen. Die Zutaten bei schwacher Hitze etwa 10 Minuten kochen lassen, anschließend pürieren.

4. In der Zwischenzeit für die Käse-Crostini den Käse in eine kleine Schüssel geben. Mit einer Gabel zerdrücken, dabei Pfeffer und Zitronenschale unterarbeiten, beiseitestellen.

5. Die Paprika-Chili-Suppe mit Crème fraîche verfeinern und nochmals abschmecken.

6. Brotscheiben im Toaster goldbraun rösten. Sofort 2-mal diagonal durchschneiden und mit der Käsemischung bestreichen. Paprika-Chili-Suppe in tiefen Tellern verteilen und die Käse-Crostini auf die Suppe oder an den Rand des Tellers legen.

TIPPS:

Für die Suppe können Sie auch bereits geröstete, rote Paprikahälften aus dem Glas verwenden. Die Paprikahälften abtropfen lassen, nur kurz anschmoren und dann im Suppenfond etwa 5 Minuten kochen lassen.
Für Kinder die Crostini mit mildem Frischkäse bestreichen.
Sehr gut zu der Suppe schmeckt frittierter Salbei. Dazu frische Salbeiblätter abspülen und trocken tupfen. 2 Esslöffel Olivenöl in einer kleinen Pfanne erhitzen. 1 Esslöffel Butter darin zerlassen. Die Salbeiblätter hinzugeben. knusprig ausbraten, herausnehmen und auf Küchenpapier abtropfen lassen.

PAPRIKA-ZUCCHINI-TOPF

Zubereitungszeit: 45 Minuten
Garzeit: etwa 15 Minuten
+ Vegetarisch

ZUTATEN FÜR 4–6 PORTIONEN

2 Schalotten
2 rote Paprikaschoten
je 1 gelbe und grüne Zucchini
1–2 EL Olivenöl
Salz
frisch gem. Pfeffer
2 ½ l Gemüsebrühe
1 Rispe kleine Strauchtomaten (etwa 120 g)

FÜR DAS PISTOU (PROVENZALISCHES PESTO):

3 Knoblauchzehen
1 Bund Basilikum
30 ml Olivenöl
50 g frisch ger. Parmesan

100 g grob ger. Bergkäse, z. B. Comté

PRO PORTION:

E: 13 g, F: 20 g, Kh: 8 g, kcal: 267

1. Die Schalotten abziehen, zuerst in dicke Scheiben schneiden, dann in Ringe teilen. Die Paprikaschoten halbieren, entstielen, entkernen und weiße Scheidewände entfernen. Die Schotenhälften waschen, abtropfen lassen und in etwa 2 cm große Würfel schneiden. Zucchini waschen, abtrocknen und die Enden abschneiden. Zucchini längs vierteln und ebenfalls in etwa 2 cm große Würfel schneiden.

2. Olivenöl in einem großen Topf erhitzen. Schalottenringe darin andünsten. Paprika- und Zucchiniwürfel hinzugeben und mit andünsten. Mit Salz und Pfeffer würzen. Brühe hinzugießen, zum Kochen bringen und etwa 15 Minuten bei schwacher Hitze kochen lassen. Tomaten waschen und trocken tupfen. Eventuell die Stängelansätze herausschneiden.

3. In der Zwischenzeit für das Pesto Knoblauch abziehen und grob zerschneiden, mit 1 Prise Salz in einen Mörser geben und mit dem Stößel zu einer Paste zerreiben.

4. Das Basilikum abspülen und trocken tupfen. Die Blättchen von den Stängeln zupfen. Blättchen grob zerschneiden, zu der Knoblauchpaste geben und fein zerreiben. Die Knoblauch-Basilikum-Masse in einen Rührbecher geben. Olivenöl mit einem Pürierstab unterarbeiten. Parmesan-Käse untermischen. Mit Pfeffer abschmecken.

5. Die Tomaten in den garen Paprika-Zucchini-Topf geben und erhitzen. Paprika-Zucchini-Topf in tiefen Tellern anrichten. Mit dem Bergkäse bestreut servieren. Pesto dazureichen.

BEILAGE:

Ofenfrisches Baguette.

PASTINAKENTOPF

Zubereitungszeit: 25 Minuten
Garzeit: etwa 105 Minuten

ZUTATEN FÜR 4 PORTIONEN

600 g Rindfleisch, z. B. Hohe Rippe
Salz
1 Lorbeerblatt
4 Pimentkörner
500 g Kartoffeln
750 g Pastinaken
gem. Pfeffer
je 1 EL gehackter Dill und gehackte Petersilie

PRO PORTION:

E: 29 g, F: 10 g, Kh: 19 g, kcal: 290

1. Rindfleisch mit Küchenpapier trocken tupfen.

2. Ein Liter Salzwasser in einem Topf zum Kochen bringen. Rindfleisch, Lorbeerblatt und Pimentkörner hinzufügen, zum Kochen bringen. Das Rindfleisch zugedeckt etwa 90 Minuten bei schwacher Hitze garen.

3. Kartoffeln schälen, abspülen, abtropfen lassen und in Würfel schneiden. Kartoffelwürfel zu dem Rindfleisch in den Topf geben, wieder zum Kochen bringen und zugedeckt etwa 5 Minuten kochen lassen.

4. Pastinaken putzen, schälen, abspülen, abtropfen lassen und in Würfel schneiden. Pastinakenwürfel in den Eintopf geben, wieder zum Kochen bringen und zugedeckt weitere etwa 10 Minuten kochen lassen.

5. Den Eintopf mit Salz und Pfeffer würzen. Dill und Petersilie unterrühren.

6. Das Rindfleisch aus dem Eintopf nehmen, von den Knochen lösen, in mundgerechte Stücke schneiden und anschließend wieder in den Eintopf geben.

PEPERONATA-BOWLS MIT THUNFISCH

Zubereitungszeit: 30 Minuten
Garzeit: etwa 20 Minuten

ZUTATEN FÜR 4 PORTIONEN

2 Knoblauchzehen
2 Zwiebeln
2 rote Paprikaschoten (etwa 500 g)
1 gelbe Paprikaschote (etwa 250 g)
3 EL Olivenöl
2 TL gerebelter Thymian
1 Lorbeerblatt
2 Pimentkörner
1 TL Fenchelsamen
Meersalz
gem. Pfeffer
400 g stückige Tomaten (aus der Dose)
300 ml Gemüsebrühe
150 g abgetropfter Thunfisch, naturell oder in Öl (aus der Dose)
125 g ger. Gratin-Käse
½ Bund oder Töpfchen Basilikum
100 g abgetropfte schwarze Oliven ohne Stein
30 g abgetropfte, große eingelegte Kapern (aus dem Glas)
8 Scheiben Ciabatta-Brot (etwa 150 g)

PRO PORTION:

E: 23 g, F: 28 g, Kh: 27 g, kcal: 463

1. Knoblauch und Zwiebeln abziehen, in kleine Würfel schneiden. Rote und gelbe Paprikaschoten halbieren, entstielen, entkernen und die weißen Scheidewände entfernen. Schoten abspülen, abtropfen lassen und in mundgerechte Würfel schneiden.

2. Olivenöl in einem Topf erhitzen. Zwiebel- und Knoblauchwürfel darin unter Rühren andünsten. 1 Teelöffel Thymian, Lorbeerblatt, Piment und Fenchel unterrühren und so lange mit andünsten, bis alles zu duften beginnt.

3. Paprikawürfel hinzugeben und andünsten. Mit Salz und Pfeffer würzen. Stückige Tomaten mit der Brühe hinzugeben. Die Zutaten bei schwacher bis mittlerer Hitze ohne Deckel unter gelegentlichem Rühren kochen lassen, bis die Paprikawürfel gar sind, aber noch einen leichten Biss haben.

4. In der Zwischenzeit den Thunfisch in grobe Stücke zerteilen.

5. Den Backofen vorheizen.
Ober-/Unterhitze: etwa 220 °C
oder Backofengrill: etwa 220 °C
Heißluft: nicht geeignet

6. Käse mit restlichem Thymian mischen. Basilikum abspülen, trocken tupfen und die Blättchen von den Stängeln zupfen, Blättchen grob zerschneiden.

7. Oliven, Kapern und Basilikum unter den Peperonata-Eintopf mischen und mit den Gewürzen abschmecken. Thunfischstücke in ofenfeste Bowls oder Suppenschalen verteilen. Mit dem Eintopf auffüllen.

8. Je 2 Scheiben Brot darauf verteilen und mit der Käsemischung bestreuen. Die Peperonata-Eintopf-Bowls oder -schalen auf ein Backblech setzen und in den vorgeheizten Backofen schieben. Die Brotscheiben so lange überbacken oder grillen, bis der Käse geschmolzen ist. Sofort servieren.

TIPPS:

Beim Überbacken im Ofen saugen sich die Brotscheiben von der Unterseite mit Flüssigkeit voll und werden herrlich saftig und weich.
Wer sein Brot lieber knusprig auf dem Eintopf servieren möchte, setzt die Scheiben mit Käse bestreut auf ein mit Backpapier belegtes Backblech und gratiniert sie kurz im vorgeheizten Backofen.

PHỞ (VIETNAMESISCHE BRÜHE) MIT RINDFLEISCH

Zubereitungszeit: 30 Minuten
Garzeit: 16–18 Minuten

ZUTATEN FÜR 4 PORTIONEN

1 Stück Ingwerwurzel (etwa 4 cm)
2 Knoblauchzehen
1 kleine rote Chilischote
4 EL Sesam- oder Sojaöl
1 kleine Stange Zimt
evtl. 2 Kardamomkapseln
evtl. 2–3 Sternanis
200 g breite Reisnudeln
Salz
400 g Möhren
1 Bio-Limette (unbehandelt, ungewachst)
1 l würzige Fleisch- oder Gemüsebrühe
400 g mageres, gut abgehangenes Rindfleisch zum Kurzbraten (z. B. Rücken oder Minutensteaks)
gem. Pfeffer
2–3 Stängel Minze
1 Bund frischer Koriander
3 Frühlingszwiebeln
Sojasauce

PRO PORTION:

E: 29 g, F: 20 g, Kh: 48 g, kcal: 482

1. Ingwer schälen und Knoblauch abziehen, beides in kleine Würfel schneiden. Chilischote putzen, abspülen, abtropfen lassen, entstielen und in Ringe schneiden.

2. Zwei Esslöffel Sesam- oder Sojaöl in einem Topf erhitzen. Knoblauch- und Ingwerwürfel darin unter Rühren andünsten. Zimtstange grob zerbrechen. Evtl. Kardamomkapseln andrücken. Chiliringe, Zimt, Kardamom und nach Belieben Sternanis hinzugeben und kurz mit andünsten.

3. Die Reisnudeln in kochendem Salzwasser etwa 4 Minuten nach Packungsanleitung garen. Dabei gelegentlich umrühren.

4. Möhren putzen, schälen, abspülen, abtropfen lassen und in feine Stifte schneiden. Limette heiß abwaschen, abtrocknen und ein Stück Schale spiralförmig abschälen. Limette beiseitelegen. Möhrenstifte und Limettenschale zu den angedünsteten Gewürzen in den Topf geben und unter Rühren kurz andünsten.

5. Brühe hinzugießen, bei schwacher Hitze zum Kochen bringen und 8–10 Minuten kochen lassen.

6. In der Zwischenzeit Rindfleisch mit Küchenpapier abtupfen und in etwa 1 ½ cm dicke Scheiben schneiden. Restliches Sesam- oder Sojaöl in einer Pfanne erhitzen. Die Fleischscheiben mit Salz und Pfeffer würzen, in die Pfanne geben und von jeder Seite etwa 2 Minuten bei mittlerer Hitze braten. Fleischscheiben auf einen Teller geben und zugedeckt kurz ruhen lassen.

7. Kräuter abspülen, trocken tupfen und die Blättchen von den Stängeln zupfen. Blättchen grob zerschneiden. Beiseitegelegte Limette halbieren und den Saft auspressen.

8. Frühlingszwiebeln putzen, abspülen, abtropfen lassen und in feine Scheiben schneiden. Die gegarten Nudeln in einem Sieb abtropfen lassen.

9. Nudeln in 4 vorgewärmte Bowls geben. Fleischscheiben in Streifen schneiden, mit den Frühlingszwiebelstreifen und Kräutern auf den Nudeln verteilen.

10. Brühe mit Limettensaft, Sojasauce, Pfeffer und Salz abschmecken, Zitronenschale entfernen. Die Brühe möglichst heiß über die Zutaten gießen. Sofort servieren.

PICHELSTEINER

Zubereitungszeit: 20 Minuten
Garzeit: etwa 60 Minuten

ZUTATEN FÜR 4 PORTIONEN

500 g gemischte Fleischsorten aus Schulter oder Nacken (Lamm, Schwein, Rind)
2 Zwiebeln
30 g Butterschmalz oder Margarine oder 3 EL Speiseöl
Salz
gem. Pfeffer
gerebelter Majoran
gerebelter Liebstöckel
500 ml Gemüsebrühe
250 g Möhren
375 g festkochende Kartoffeln
350 g Lauch
300 g Weißkohl
2 EL gehackte Petersilie

PRO PORTION:

E: 30 g, F: 19 g, Kh: 19 g, kcal: 370

1. Fleisch mit Küchenpapier abtupfen, in etwa 2 cm große Würfel schneiden. Zwiebeln abziehen, in Scheiben schneiden.

2. Fett in einem Topf erhitzen. Die Fleischwürfel darin von allen Seiten leicht anbraten. Dann die Zwiebelscheiben hinzufügen und kurz mitbraten.

3. Das Fleisch mit Salz, Pfeffer, Majoran und Liebstöckel würzen. Gemüsebrühe hinzugießen, zum Kochen bringen. Das Fleisch zugedeckt etwa 40 Minuten bei mittlerer Hitze kochen.

4. In der Zwischenzeit Möhren putzen, schälen, abspülen, abtropfen lassen. Kartoffeln schälen, abspülen, abtropfen lassen. Beides in Würfel schneiden. Lauch putzen, die Stangen längs halbieren, gründlich abspülen, abtropfen lassen, in Streifen schneiden. Von dem Kohl die äußeren welken Blätter entfernen. Kohl vierteln, abspülen, abtropfen lassen, Strunk herausschneiden. Kohl in schmale Streifen schneiden.

5. Nach Ende der Kochzeit vorbereitetes Gemüse und Kartoffeln hinzufügen, wieder zum Kochen bringen. Mit Salz und Pfeffer würzen. Den Eintopf zugedeckt weitere etwa 20 Minuten garen.

6. Den Eintopf nochmals mit den Gewürzen abschmecken und mit Petersilie bestreut servieren.

PILZSUPPE

Zubereitungszeit: 30 Minuten
Garzeit: etwa 7 Minuten

ZUTATEN FÜR 4 PORTIONEN

250 g Champignons (weiß oder braun)
1 Zwiebel
50 g geräucherter, gewürfelter Katenschinken
20 g Butter
Salz
gem. Pfeffer
20 g Weizenmehl
600 ml Gemüsebrühe
150 g Crème fraîche
½ Bund Schnittlauch

PRO PORTION:

E: 9 g, F: 21 g, Kh: 7 g, kcal: 251

1. Champignons putzen, evtl. kurz abspülen, trocken tupfen und in Scheiben oder Stücke schneiden. Zwiebel abziehen und klein würfeln.

2. Schinkenwürfel in einem Topf ohne Fett knusprig braun auslassen und aus dem Topf nehmen.

3. Butter in dem Topf im Bratfett zerlassen. Zwiebelwürfel und Pilzscheiben oder -stücke darin unter Rühren goldbraun braten und mit Salz und Pfeffer würzen. Mit Mehl bestäuben, unterrühren und goldgelb anschwitzen. Brühe und Crème fraîche hinzugeben, mit einem Schneebesen gut durchschlagen. Dabei darauf achten, dass keine Klümpchen entstehen.

4. Die Suppe zum Kochen bringen. Die Pilzsuppe ohne Deckel etwa 7 Minuten bei schwacher Hitze gar köcheln, dabei gelegentlich umrühren.

5. Die Suppe mit einem Pürierstab fein pürieren, mit Salz und Pfeffer abschmecken. Den Schnittlauch abspülen, trocken tupfen und in Röllchen schneiden. Die Suppe in Suppentassen oder -tellern anrichten und mit Schinkenwürfeln und Schnittlauch bestreut servieren.

TIPP:

Sie können die Suppe entweder mit etwas Sherry oder etwas Currypulver, 1 Prise Zucker und 1–2 Teelöffeln Zitronensaft verfeinern.

PORTUGIESISCHER MUSCHELEINTOPF

Zubereitungszeit: 30 Minuten
Garzeit: etwa 15 Minuten
▲ Mit Alkohol

ZUTATEN FÜR 2 PORTIONEN

1 Chilischote
1 Stängel Rosmarin
1 Knoblauchzehe
1 große Kartoffel (etwa 200 g)
2 EL Olivenöl
1 Lorbeerblatt
1 Zwiebel
1 grüne Paprikaschote
60 g Chorizo (spanische Paprikawurst)
120 g Schweinefilet
250 g stückige Tomaten (aus dem Tetrapak)
400 ml Gemüsebrühe
100 ml Weißwein
1 kg große Venusmuscheln
Salz
je 2 EL klein geschnittener Koriander und klein geschnittene Petersilie

PRO PORTION:

E: 36 g, F: 25 g, Kh: 27 g, kcal: 515

1. Chilischote abspülen, trocken tupfen, entstielen und in Ringe schneiden. Rosmarin abspülen und trocken tupfen. Knoblauch abziehen und in Scheiben schneiden. Kartoffel schälen, abspülen, abtropfen lassen und in 1 cm große Würfel schneiden.

2. Olivenöl in einem breiten Topf erhitzen. Chiliringe, Rosmarin, Lorbeerblatt, Knoblauchscheiben und Kartoffelwürfel darin etwa 6 Minuten unter Rühren braten.

3. Zwiebel abziehen und in grobe Würfel schneiden. Paprikaschote halbieren, entstielen, entkernen und die weißen Scheidewände entfernen. Schote abspülen, abtropfen lassen und ebenfalls grob würfeln. Zwiebel- und Paprikawürfel zu dem Würzöl in den Topf geben und mitdünsten lassen.

4. Die Chorizo in Scheiben schneiden. Das Schweinefilet mit Küchenpapier trocken tupfen und in Würfel schneiden. Wurstscheiben und Schweinefiletwürfel ebenfalls hinzugeben und kurz mit andünsten. Tomaten, Gemüsebrühe und Weißwein hinzugießen und zum Kochen bringen.

5. Muscheln in reichlich kaltem Wasser gründlich waschen. Muscheln einzeln abbürsten, bis sie nicht mehr sandig sind (Muscheln, die sich beim Waschen öffnen, sind ungenießbar). Evtl. die Fäden (Bartbüschel) entfernen.

6. Die Muscheln in den Eintopf geben, wieder zum Kochen bringen und zugedeckt 6–8 Minuten bei starker Hitze kräftig kochen (Muscheln, die sich nach dem Garen nicht öffnen, sind ungenießbar). Der Eintopf ist fertig, wenn die Kartoffelwürfel gar sind.

7. Den Eintopf mit Salz abschmecken. Rosmarin und Lorbeerblatt entfernen.

8. Den Eintopf in tiefen Tellern anrichten und mit den Kräutern bestreuen.

BEILAGE:

Geröstetes Knoblauchbrot und ein kräftiger Weißwein.

TIPP:

Traditionell wird der Eintopf in einer Cataplana zubereitet, einem portugiesischem Kupfer- oder Eisentopf mit dicht schließendem Deckel.

POT AU FEU VOM RIND MIT APFELKREN

◔ Zubereitungszeit: 20 Minuten
Garzeit Pot au feu: etwa 2 Stunden
Garzeit Apfelkren: etwa 10 Minuten
▲ Mit Alkohol

ZUTATEN FÜR 6 PORTIONEN

1,2 kg Tafelspitz (vom Rind)
100 g Markknochen vom Rind
Salz
3 Gewürznelken
10 schwarze Pfefferkörner
1 Lorbeerblatt
1 braune Zwiebel
2 Knoblauchzehen

FÜR DEN APFELKREN:

3 Äpfel, z. B. Boskop
50 ml Weißwein
Saft von 1 Zitrone
½ Stange frischer Meerrettich
gem. Pfeffer
Zucker

2 Bund Suppengrün
(Möhren, Knollensellerie, Lauch)
500 g kleine, neue Kartoffeln
1 Bund glatte Petersilie

PRO PORTION:

E: 46 g, F: 5 g, Kh: 26 g, kcal: 354

1. Rindfleisch und Knochen in einem großen Topf mit Wasser bedeckt zum Kochen bringen. Rindfleisch und Knochen in ein Sieb geben und mit kaltem Wasser abspülen. Rindfleisch und Knochen wieder in den Topf geben und 1 Esslöffel Salz hinzufügen. So viel kaltes Wasser hinzugießen, dass das Fleisch und die Knochen gut bedeckt sind. Zum Kochen bringen. Dabei den Schaum mit einer Schaumkelle abschöpfen. So lange abschäumen, bis sich kein Schaum mehr bildet.

2. Dann Nelken, Pfefferkörner und das Lorbeerblatt hinzugeben. Zwiebel und Knoblauch halbieren, ungeschält hinzufügen. Das Rindfleisch mit den Knochen zugedeckt etwa 90 Minuten bei schwacher Hitze kochen lassen.

3. In der Zwischenzeit für den Apfelkren die Äpfel schälen, vierteln, entkernen und grob würfeln.

4. Apfelwürfel in einen Topf geben, sofort mit Wein und Zitronensaft vermischen und zum Kochen bringen. Die Apfelwürfel zugedeckt etwa 10 Minuten bei schwacher Hitze weich dünsten lassen.

5. Die Apfelmasse durch ein feines Sieb streichen. Meerrettich schälen und direkt in das Apfelpüree reiben. Apfel-Meerrettich-Püree mit Salz, Pfeffer und Zucker abschmecken.

6. Möhren und Sellerie putzen, schälen, abspülen und abtropfen lassen. Den Lauch putzen, die Stangen längs halbieren, gründlich waschen und abtropfen lassen. Kartoffeln gründlich unter fließendem kalten Wasser abbürsten und trocken tupfen.

7. Nach etwa 90 Minuten Garzeit (vorher mit einem Holzspieß prüfen, ob das Fleisch gar ist) das vorbereitete Suppengrün und die Kartoffeln in die Brühe geben, wieder zum Kochen bringen und zugedeckt weitere etwa 30 Minuten garen. Eventuell verdampfte Flüssigkeit durch Wasser ersetzen.

8. Den Tafelspitz, das Gemüse und die Kartoffeln aus der Brühe nehmen. Die Brühe durch ein Sieb gießen.

9. Tafelspitz in Scheiben und die Gemüsezutaten in Stücke schneiden. Anschließend die Fleischscheiben, Gemüsestücke und Kartoffeln wieder in die Brühe geben.

10. Petersilie abspülen und trocken tupfen. Die Blättchen von den Stängeln zupfen. Die Blättchen klein schneiden.

11. Pot au feu mit Petersilie bestreut servieren. Apfelkren dazureichen.

TIPPS:

Kren ist das österreichische Wort für Meerrettich. Es reicht, wenn Sie das Fleisch und die Knochen abspülen, trocken tupfen und mit kaltem Wasser bedeckt zum Kochen bringen. Die Brühe wird jedoch, wenn sie wie unter Punkt 1 beschrieben zubereitet wird, klarer.

RADIESCHENSUPPE

Zubereitungszeit: 40 Minuten
Garzeit: etwa 20 Minuten
+ Vegetarisch

ZUTATEN FÜR 2 PORTIONEN

2 Schalotten, 500 g Radieschen
1 EL Speiseöl
500 ml Gemüsebrühe
Salz, gem. weißer Pfeffer
1–2 EL frisch gepresster Zitronensaft
evtl. einige Tropfen Worcestersauce

PRO PORTION:

E: 3 g, F: 9 g, Kh: 6 g, kcal: 122

1. Schalotte abziehen und in kleine Würfel schneiden. Von den Radieschen die Wurzelenden und das Grün entfernen. Radieschen abspülen und trocken tupfen. 1 Radieschen in Scheiben, restliche Radieschen in kleine Würfel schneiden (etwas Radieschengrün und die Radieschenscheiben zum Garnieren beiseitelegen).

2. Speiseöl in einem Topf erhitzen. Schalottenwürfel darin goldgelb andünsten. Radieschenwürfel hinzufügen und kurz mitdünsten lassen. Gemüsebrühe hinzugießen und zum Kochen bringen. Die Suppe zugedeckt etwa 20 Minuten bei mittlerer Hitze kochen lassen, dabei gelegentlich umrühren. Anschließend die Suppe mit einem Pürierstab fein pürieren.

3. Beiseitegelegtes Radieschengrün abspülen, trocken tupfen und in feine Streifen schneiden. Die Suppe evtl. nochmals erwärmen. Mit Salz, Pfeffer, Zitronensaft und evtl. Worcestersauce abschmecken. Radieschensuppe mit beiseitegelegten Radieschenscheiben und Radieschengrünstreifen garnieren, heiß servieren.

RAHMSUPPE MIT RÄUCHERFISCH (OHNE FOTO)

Zubereitungszeit: 25 Minuten
Garzeit: etwa 11 Minuten

ZUTATEN FÜR 8–10 PORTIONEN

300 g Knollensellerie, 2 Zwiebeln
60 g Butter oder Margarine
3 EL Weizenmehl
1,6 l heiße Gemüsebrühe
550 g rote Bohnen (aus der Dose)
400 ml Fischfond (aus dem Glas)
400 g Schlagsahne
je 150 g Räucheraalfilet und geräuchertes Forellenfilet
Salz, gem. Pfeffer

PRO PORTION:

E: 26 g, F: 30 g, Kh: 24 g, kcal: 491

1. Sellerie putzen, schälen, abspülen, abtropfen lassen und würfeln. Zwiebeln abziehen, ebenfalls klein würfeln. Fett in einem großen Topf zerlassen. Zwiebel- und Selleriewürfel darin andünsten. Mehl darüberstäuben und unterrühren.

2. Die heiße Gemüsebrühe nach und nach unter Rühren hinzugießen und unter Rühren aufkochen lassen. Dabei darauf achten, dass keine Klümpchen entstehen. Die Zutaten etwa 5 Minuten kochen lassen.

3. Bohnen in ein Sieb geben, mit kaltem Wasser abspülen und abtropfen lassen. Bohnen, Fischfond und Sahne zur Suppe in den Topf geben. Wieder zum Kochen bringen und weitere etwa 6 Minuten bei schwacher Hitze kochen lassen.

4. In der Zwischenzeit den Fisch in Stücke schneiden, in die Suppe geben und kurz miterhitzen. Die Suppe mit Salz und Pfeffer würzen.

RAMEN-GEMÜSESUPPE MIT KRÄUTER-TATAR-KLÖSSCHEN

Zubereitungszeit: 15 Minuten
Garzeit: etwa 10 Minuten

ZUTATEN FÜR 4 PORTIONEN

250 g Asia-Instant-Nudeln, z. B. Ramen- oder Mie-Nudeln
1 Kohlrabi (etwa 400 g)
150 junge Möhren
150 g Frühlingszwiebeln
125 g Mungobohnensprossen (frisch, oder abgetropft aus dem Glas)
1 Stück Ingwerwurzel (etwa 4 cm)
2 Knoblauchzehen
2 EL Speiseöl
1 l kräftige Gemüse- oder Rinderbrühe
1 rote Chilischote
2–3 EL Sojasauce
evtl. 1–2 EL Fischsauce

1 Bund gemischte Kräuter, z. B. Koriander, Dill, Petersilie
200 g Rindertatar oder Beefsteak-Hack
1 TL fein ger. Bio-Zitronenschale (unbehandelt, ungewachst)
Salz
gem. Pfeffer

PRO PORTION:

E: 26 g, F: 14 g, Kh: 53 g, kcal: 444

1. Nudeln in kochendem Wasser nach Packungsanleitung garen.

2. Kohlrabi und Möhren putzen, schälen, abspülen, abtropfen lassen und in mundgerechte Stifte schneiden. Frühlingszwiebeln putzen, abspülen, abtropfen lassen und schräg in Scheibchen schneiden. Sprossen verlesen, mit kaltem Wasser gründlich abspülen und abtropfen lassen.

3. Ingwer schälen und Knoblauch abziehen, beides klein würfeln. Speiseöl in einem Topf erhitzen. Ingwer- und Knoblauchwürfel darin andünsten. Die Brühe hinzugießen und zum Kochen bringen. Chilischote abspülen, abtropfen lassen, entstielen und halbieren, Kerne entfernen. Chili, Soja- und nach Belieben Fischsauce zur Brühe in den Topf geben.

4. Kohlrabi- und Möhrenstifte in die kochende Brühe geben und alles in etwa 8 Minuten mit noch leichtem Biss kochen lassen.

5. In der Zwischenzeit Kräuter abspülen, trocken tupfen und die Blättchen von den Stängeln zupfen. Zwei Drittel der Kräuterblättchen klein schneiden. Tatar oder Beefsteak-Hack mit fein geschnittenen Kräutern und Zitronenschale mischen. Mit Salz und Pfeffer würzen. Aus dem Tatar oder Beefsteak-Hack kleine längliche Nocken formen.

6. Die Sprossen zur Suppe geben, die Suppe wieder zum Kochen bringen und in weiteren 2–3 Minuten fertig garen.

7. Die Tatar- oder Hacksteaknocken in 4 großen Suppen-Bowls verteilen. Mit der heißen Brühe, den Nudeln und dem Gemüse auffüllen. Mit Frühlingszwiebelscheiben und restlichen Kräuterblättchen anrichten.

RAMEN-SOUP-BOWL

Zubereitungszeit: 25 Minuten
Garzeit: etwa 10 Minuten

ZUTATEN FÜR 4 PORTIONEN

125 g Asia-Instant-Nudeln, z. B. Ramen-Nudeln
2 Eier (Größe M)
1 Stück Ingwerwurzel (etwa 5 cm)
2 Knoblauchzehen
125 g Shiitakepilze oder rosé Champignons
50 g Zuckerschoten
1 rote Chilischote
200 g zarter Pflückspinat
200 g blanchierte, geschälte Garnelen (frisch oder TK, aufgetaut)
300 g sehr frisches Lachsfilet (ohne Haut)
4 EL Sojaöl
1 l kräftige Geflügelbrühe
2 Frühlingszwiebeln
1 Bund Koriander
Salz
gem. Pfeffer
4 EL Sesamsamen

PRO PORTION:

E: 36 g, F: 33 g, Kh: 25 g, kcal: 544

1. Die Nudeln mit reichlich kochendem Wasser übergießen und nach Packungsleitung ziehen lassen. Eier in kochendem Wasser in etwa 6 Minuten wachsweich kochen.

2. In der Zwischenzeit Ingwer schälen und Knoblauch abziehen, beides in sehr kleine Würfel schneiden. Pilze putzen, evtl. grobe, harte Stiele entfernen. Die Pilze evtl. kurz abspülen, sehr gut trocken tupfen und halbieren. Zuckerschoten putzen, evtl. abfädeln, abspülen, abtropfen lassen und schräg in hauchfeine Streifen schneiden. Chilischote abspülen, abtropfen lassen, entstielen, halbieren und entkernen. Chili in feine Streifen schneiden. Spinat verlesen, gründlich waschen und trocken schleudern.

3. Garnelen und Lachsfilet jeweils mit Küchenpapier trocken tupfen.

4. Die gekochten Eier abgießen, kurz mit kaltem Wasser abschrecken, pellen und warm stellen.

5. Zwei Esslöffel Sojaöl in einem Topf erhitzen. Knoblauch- und Ingwerwürfel darin unter Rühren goldbraun anbraten. Pilze und Chili hinzugeben und mit anbraten. Mit der Brühe ablöschen, zum Kochen bringen und bei schwacher Hitze kochen lassen.

6. In der Zwischenzeit Frühlingszwiebeln putzen, abspülen, abtropfen lassen und in feine Scheiben schneiden. Koriander abspülen, trocken tupfen und die Blättchen von den Stängeln zupfen.

7. Lachs in etwa 2 cm dicke Scheiben schneiden. Lachsscheiben mit Salz und Pfeffer würzen und in Sesam wenden. Restliches Sojaöl in einer beschichteten Pfanne erhitzen. Die Garnelen darin kurz anbraten, in vorgewärmten Bowls verteilen.

8. Die Lachscheiben in dem verbliebenen Bratfett von beiden Seiten jeweils etwa 30 Sekunden anbraten und ebenfalls in die Bowls geben. Vorbereiteten Spinat in die Pfanne geben und unter Wenden zusammenfallen lassen. Mit Salz und Pfeffer würzen.

9. Die gegarten Nudeln abtropfen lassen, mit dem Spinat und den Zuckerschotenstreifen in den Bowls verteilen. Mit der sehr heißen Pilzbrühe auffüllen.

10. Warm gestellte Eier halbieren. Bowls mit je einer Eihälfte anrichten. Mit Frühlingszwiebelscheiben und Koriander bestreuen und sofort servieren.

RATATOUILLE, WINTERLICH

Zubereitungszeit: 25 Minuten
Garzeit: etwa 18 Minuten
+ Vegetarisch

ZUTATEN FÜR 4 PORTIONEN

FÜR DIE SUPPE:

300 g Lauch
300 g Fenchelknollen
250 g Möhren
2 Stangen Staudensellerie
1 TL Fenchelsamen
3 EL Olivenöl
2 EL TK-Zwiebelwürfel
1 TL gerebelte Kräuter der Provence
100 g Perlgraupen (mittel)
1 l heiße Gemüsebrühe
1 Lorbeerblatt
Salz
gem. Pfeffer
einige Stängel frischer Thymian
450 g stückige Tomaten (aus der Dose)
400 g TK-Rosenkohl
Kräutersalz

PRO PORTION:

E: 13 g, F: 9 g, Kh: 34 g, kcal: 276

1. Für die Suppe Lauch putzen, die Stangen längs halbieren, gründlich waschen und abtropfen lassen. Den Lauch in Streifen schneiden und beiseitestellen.

2. Fenchelknollen putzen, abspülen, abtropfen lassen, halbieren und in Würfel schneiden. Die Möhren putzen, schälen, abspülen, abtropfen und in Scheiben schneiden. Staudensellerie putzen, abspülen, abtropfen lassen und in Scheiben schneiden.

3. Fenchelsamen in einem Mörser zerdrücken.

4. Olivenöl in einem großen Topf erhitzen, Zwiebelwürfel darin hellgelb andünsten. Fenchelsamen, Kräuter der Provence, vorbereitete Fenchelwürfel, Möhren- und Staudenselleriescheiben hinzugeben und unter Rühren andünsten. Perlgraupen, Gemüsebrühe und Lorbeerblatt hinzugeben und zum Kochen bringen. Mit Salz und Pfeffer würzen. Die Zutaten zugedeckt bei mittlerer Hitze etwa 8 Minuten kochen lassen.

5. Thymian abspülen und trocken tupfen. Die Blättchen von den Stängeln zupfen und beiseitelegen.

6. Tomatenstücke, Lauchstreifen und Rosenkohl in die Suppe geben. Die Suppe wieder zum Kochen bringen und zugedeckt weitere etwa 10 Minuten kochen lassen. Die Suppe mit Kräutersalz und Pfeffer würzen. Ratatouille in tiefen Tellern oder Suppentassen verteilen, mit Thymianblättchen bestreut servieren.

TIPPS:

Möchten Sie frischen Rosenkohl verwenden, verlängert sich die Zubereitungs- und Garzeit. Statt der Perlgraupen schmecken auch vorgegarte Weizenkörner im Eintopf sehr gut.
Kinder können Sie mit Mini-Gnocchi (250–300 g) in der würzigen Gemüsesuppe begeistern. Wenn Sie kleine Kartoffelknödel aus dem Frischepack verwenden, müssen diese nur noch kurz in der Suppe miterhitzt werden.

RATATOUILLE-EINTOPF

Zubereitungszeit: 30 Minuten
Garzeit: 15–20 Minuten
+ Vegetarisch

ZUTATEN FÜR 4 PORTIONEN

1 Aubergine (etwa 200 g)
1 Zucchini (etwa 200 g)
1 Gemüsezwiebel (etwa 100 g)
1 Knoblauchzehe
je ½ rote und gelbe Paprikaschote
einige Stängel Thymian
3 EL Olivenöl
500 ml Gemüsebrühe
400 g geschälte Tomaten (aus der Dose)
1–2 TL gerebelte Kräuter der Provence
1–2 TL Tomatenmark
Salz
gem. Pfeffer
Paprikapulver edelsüß
evtl. Balsamico-Essig

PRO PORTION:

E: 3 g, F: 8 g, Kh: 8 g, kcal: 120

1. Die Aubergine und Zucchini abspülen, abtrocknen und Stängelansatz bzw. Enden abschneiden. Aubergine und Zucchini in dünne Scheiben schneiden. Die Auberginenscheiben nochmals vierteln. Gemüsezwiebel abziehen, halbieren und würfeln. Knoblauch abziehen und in kleine Würfel schneiden.

2. Paprikaschotenhälften entstielen, entkernen und die weißen Scheidewände entfernen. Schotenhälften abspülen, abtropfen lassen und in Streifen schneiden. Thymian abspülen und trocken tupfen. Die Blättchen von den Stängeln zupfen.

3. Olivenöl in einem Topf erhitzen. Zwiebel- und Knoblauchwürfel darin andünsten. Geviertelte Auberginenscheiben und Paprikastreifen hinzugeben, mitdünsten lassen. Brühe hinzugießen, zum Kochen bringen und die Zutaten etwa 10 Minuten garen.

4. Tomaten mit der Flüssigkeit, Zucchinischeiben, Kräuter der Provence und Thymianblättchen hinzufügen. Die Zutaten wieder zum Kochen bringen. Den Eintopf weitere 5–10 Minuten bei schwacher Hitze kochen lassen.

5. Dann den Eintopf mit Tomatenmark, Salz, Pfeffer, Paprika und nach Belieben mit Balsamico-Essig abschmecken.

TIPPS:

Servieren Sie als Beilage mit Käse überbackene Baguettescheiben. Dafür 4 Baguettescheiben auf ein mit Backpapier belegtes Backblech legen und mit 50 g frisch geriebenem Parmesan bestreuen. Dann das Backblech in den vorgeheizten Backofen schieben. Die Baguettescheiben bei Ober-/Unterhitze: etwa 200 °C überbacken, bis der Käse goldbraun ist.
Frischen Thymian gibt es am besten in den Sommermonaten von Juni bis September. Ersatzweise nehmen Sie für das Rezept gerebelten Thymian (etwa 1 Teelöffel).

REISCREMESUPPE MIT PISTAZIEN

Zubereitungszeit: 15 Minuten, ohne Abkühlzeit
Garzeit: etwa 40 Minuten
+ Vegetarisch

ZUTATEN FÜR 4 PORTIONEN

½ Bio-Limette (unbehandelt, ungewachst)
650 ml Kokosdrink
500 ml Vollmilch (3,5 % Fett)
2–3 EL Zucker
110 g Milchreis
20 g geschälte, gehackte Pistazienkerne
2 Maracujas (Passionsfrucht)
2 Kiwis
1 große Banane
150 g Physalis (Kapstachelbeeren)
1 EL milder, flüssiger Honig
200 g Naturjogurt (3,5 % Fett)

PRO PORTION:

E: 11 g, F: 11 g, Kh: 60 g, kcal: 402

1. Limette heiß abwaschen, abtrocknen und die Schale fein abschälen. Kokosdrink, Milch, Zucker und Limettenschale in einem Topf unter Rühren zum Kochen bringen. Den Milchreis unter Rühren einstreuen. Den Reis bei schwacher Hitze unter gelegentlichem Rühren in etwa 40 Minuten zu einer leicht sämigen, gebundenen Suppe kochen lassen.

2. Pistazienkerne in einer beschichteten Pfanne ohne Fett unter Rühren leicht anrösten. Herausnehmen und auf einem Teller erkalten lassen.

3. Maracujas halbieren, Fruchtfleisch und Kerne mit einem Löffel herauslösen. Kiwis und Banane schälen und in Scheiben schneiden. Physalis aus den Hüllen lösen, abspülen, trocken tupfen und halbieren. Vorbereitete Früchte vorsichtig mit Honig vermischen.

4. Reiscremesuppe mit einem Schneebesen kräftig durchrühren, Limettenschale entfernen. Die Suppe etwas abkühlen lassen und den Joghurt untermixen. Die Suppe nochmals abschmecken und in tiefen Tellern verteilen. Mit dem Fruchtmix und den Pistazienkernen anrichten.

TIPPS:

Diese leichte Reiscremesuppe können sie auch kalt servieren. Die Suppe dickt allerdings beim Abkühlen noch etwas nach.
Falls die Suppe kalt serviert werden soll, die Milchreismenge auf 100 g reduzieren und zusätzlich die kalte Suppe mit etwas Kokosdrink, Milch oder Joghurt vor dem Anrichten flüssiger rühren.

RINDFLEISCHBRÜHE

Zubereitungszeit: 30 Minuten
Garzeit: 2–2 ½ Stunden

ZUTATEN FÜR 6–8 PORTIONEN

1 kg Rindfleisch zum Kochen (z. B. Bug, Querrippe, Beinfleisch) möglichst mit Knochen oder zusätzlich 1–2 Markknochen
Salz
1 Bund Suppengrün (Möhre, Lauch, Sellerie)
2 mittelgroße Zwiebeln
3 Gewürznelken
1 TL Pfefferkörner
1 Lorbeerblatt

PRO PORTION:

E: 20 g, F: 9 g, Kh: 3 g, kcal: 175

1. Rindfleisch und Knochen unter fließendem kalten Wasser abspülen und mit 2–3 Liter kaltem Wasser in den Topf geben (das Fleisch muss mit Wasser bedeckt sein). Das Ganze zum Kochen bringen.

2. Den Schaum mit dem Schaumlöffel abschöpfen. 1 Esslöffel Salz in den Topf geben. Das Fleisch etwa 1 Stunde bei mittlerer Hitze köcheln lassen.

3. Inzwischen Suppengrün putzen, schälen, abspülen und abtropfen lassen. Zwiebeln abziehen. Suppengrün und Zwiebeln etwas zerkleinern.

4. Zerkleinertes Suppengrün, Zwiebelstücke, Nelken, Pfefferkörner und Lorbeerblatt hinzufügen. Das Ganze weitere 1–1 ½ Stunden köcheln lassen.

5. Nach etwa 2 ½ Stunden Garzeit das Rindfleisch aus dem Topf nehmen. Die Brühe durch ein feines Sieb gießen. Die Brühe mit Salz abschmecken.

TIPPS:

Wenn Sie das Rindfleisch in kaltem Wasser aufsetzen, laugt es stärker aus. Der Geschmack der Brühe wird voller und kräftiger.
Auch wenn die Brühe ohne Deckel vor sich hinköchelt, wird ihr Geschmack intensiver.
Möchten Sie das Fleisch weiterverwenden, geben Sie das Fleisch in das kochende Wasser. So bleibt das Fleisch schön saftig und aromatisch.
Wenn Sie eine fettarme Brühe wünschen, lassen Sie die Brühe abkühlen. Stellen Sie die Brühe anschließend mindestens 4 Stunden in den Kühlschrank. Mit einem Löffel können Sie dann das kalte erstarrte Fett auf der Oberfläche der Brühe abheben. Oder Sie ziehen stark saugendes Küchenpapier über die Oberfläche der noch warmen Brühe, dabei wird etwas Fett aufgesaugt.

REZEPTVARIANTE:

Für eine **Rindfleischsuppe** (siehe Foto) für die Einlage ½–1 Bund Suppengrün putzen, abspülen, abtropfen lassen, in dünne Streifen schneiden und 10 Minuten in der Brühe garen. Das gekochte Rindfleisch klein schneiden, in die Suppe geben und miterwärmen. Die Suppe mit 1–2 Esslöffeln fein geschnittener Petersilie bestreut servieren.

ROSENKOHL-PFIFFERLING-SUPPE MIT ROTEN LINSEN

Zubereitungszeit: 25 Minuten
Garzeit: etwa 12 Minuten

ZUTATEN FÜR 4 PORTIONEN

FÜR DIE SUPPE:

1 Zwiebel
300 g festkochende Kartoffeln
300 g Putenbrust
3 EL neutrales Speiseöl, z. B. Rapsöl
250 g abgetropfte Pfifferlinge (aus der Dose)
400 g TK-Rosenkohl
Salz
gem. Pfeffer
ger. Muskatnuss
1 Prise grob geschroteter Chili
1 l heiße Geflügelbrühe
80 g rote Linsen

ZUM BESTREUEN:

2 EL gehackte Petersilie (frisch oder TK)

PRO PORTION:

E: 32 g, F: 10 g, Kh: 26 g, kcal: 323

1. Für die Suppe Zwiebel abziehen und in etwa 1 cm große Spalten schneiden. Kartoffeln schälen, abspülen, abtropfen lassen und in etwa 1 cm große Würfel oder Spalten schneiden. Putenbrust mit Küchenpapier abtupfen und in Streifen schneiden.

2. Speiseöl in einem großen Topf erhitzen. Putenbruststreifen darin unter Wenden anbraten, herausnehmen und beiseitestellen. Die Pfifferlinge in dem verbliebenen Bratfett kräftig anbraten, herausnehmen und beiseitestellen.

3. Anschließend Zwiebelspalten und Kartoffelwürfel oder -spalten in den Topf geben und andünsten. Gefrorenen Rosenkohl hinzugeben, mit Salz, Pfeffer, Muskat und Chili würzen. Brühe hinzugießen. Die Zutaten zum Kochen bringen und zugedeckt etwa 4 Minuten bei mittlerer Hitze kochen lassen.

4. Linsen und Pfifferlinge in die Suppe geben und zugedeckt weitere etwa 8 Minuten kochen lassen. Mit Salz und Pfeffer abschmecken.

5. Putenbruststreifen kurz vor dem Servieren in die Suppe geben und darin erwärmen.

6. Die Rosenkohl-Pfifferling-Suppe mit roten Linsen in tiefen Tellern oder Suppentassen verteilen. Mit gehackter Petersilie bestreuen und heiß servieren.

TIPPS:

Dazu schmeckt würziges Bauernbrot.
Vor dem Anrichten einen kleinen Klecks saure Sahne in die Suppe geben und mit Paprikapulver bestreut anrichten. Wer es gern scharf mag, nimmt stattdessen Chiliflocken.
Möchten Sie frischen Rosenkohl verwenden, verarbeiten Sie ihn nach dem Putzen wie den gefrorenen. Zubereitungs- und Garzeit verlängern sich entsprechend.
Die Suppe schmeckt auch mit Blumenkohl oder Brokkoli sehr gut. Brokkoli insgesamt etwa 5 Minuten garen.
Statt der Pfifferlinge können Sie auch Mischpilze (aus dem Glas) verwenden.
Wer sich das Anbraten der frischen Putenbruststreifen ersparen möchte, kann geräucherte Putenbrust (aus dem Kühlregal oder der Fleischtheke) verwenden. Diese in Streifen oder Würfel schneiden und kurz in der Suppe miterhitzen.
Kinder lieben feine Geflügel-Würstchen in dieser Suppe.

ROTE-RÜBEN-EINTOPF

Zubereitungszeit: 30 Minuten
Garzeit: 40–45 Minuten
+ Vegan

ZUTATEN FÜR 4 PORTIONEN

500 g vorgegarte Rote Bete (vakuumverpackt)
1 mittelgroße Zwiebel
350 g Möhren
500 g mehligkochende Kartoffeln
2 Bio-Orangen (unbehandelt, ungewachst)
2 EL Sonnenblumenöl
400 ml heiße vegane Gemüsebrühe

2 Stängel Dill
4 TL ger. Meerrettich
Salz
gem. Pfeffer

PRO PORTION:

E: 5 g, F: 6 g, Kh: 37 g, kcal: 232

1. Rote Bete in ein Sieb geben, abtropfen lassen und den Saft auffangen. Rote Bete in Würfel schneiden (Achtung: stark färbend). Zwiebel abziehen, halbieren und fein würfeln.

2. Möhren putzen. Möhren und Kartoffeln schälen, abspülen, abtropfen lassen und in Würfel schneiden. Kartoffelwürfel in eine Schüssel geben, mit so viel kaltem Wasser begießen, dass die Kartoffelwürfel knapp bedeckt sind.

3. Die Orangen heiß abwaschen, abtrocknen und die Schale abreiben. Die Orangen halbieren und auspressen.

4. Das Öl in einem großen Topf erhitzen. Die Zwiebel- und Möhrenwürfel darin andünsten. Kartoffelwürfel mit dem Wasser, Orangenschale und -saft unterrühren.

5. Die Gemüsebrühe hingießen. Die Zutaten zum Kochen bringen und zugedeckt bei mittlerer Hitze etwa 35 Minuten köcheln lassen, dabei ab und zu umrühren.

6. Dann die Rote-Bete-Würfel mit dem aufgefangenen Saft hinzugeben und unterrühren. Den Rote-Rüben-Eintopf bei mittlerer Hitze weitere 5–10 Minuten köcheln lassen, dabei gelegentlich umrühren.

7. Dill abspülen, trocken tupfen, die Spitzen von den Stängeln zupfen und fein schneiden.

8. Zum Servieren den Meerrettich unter den Eintopf rühren. Den Eintopf mit Salz und Pfeffer abschmecken und mit Dill bestreut servieren.

TIPPS:

Verfeinern Sie den Eintopf mit etwas angeschlagener Sojasahne oder, wenn es nicht vegan sein muss, einfach mit einem Klecks Crème fraîche. Zum Eintopf schmeckt frisches Fladenbrot oder Baguette.

RÜBENTOPF MIT GESELCHTEM

Zubereitungszeit: 45 Minuten
Garzeit: etwa 45 Minuten

ZUTATEN FÜR 6 PORTIONEN

1 Stange Lauch
2 Bund Möhren
2 Bund gelbe Möhren
2 Bund Eiszapfen (kleine, weiße Rüben)
1 kg kleine, neue Kartoffeln
800 g gepökelte Schweineschulter (ohne Knochen)
2 EL Butter
Salz
frisch gem. Pfeffer
1 Lorbeerblatt
1 Bund Schnittlauch

PRO PORTION:

E: 30 g, F: 18 g, Kh: 45 g, kcal: 474

1. Den Lauch putzen, gründlich waschen, abtropfen lassen und in Scheiben schneiden. Möhren und Eiszapfen putzen, schälen, abspülen, abtropfen lassen und ebenfalls in Scheiben schneiden. Die Kartoffeln unter fließendem kalten Wasser gründlich waschen, abbürsten, abtropfen lassen und halbieren.

2. Die Schweineschulter mit Küchenpapier trocken tupfen und in etwa 2 cm große Würfel schneiden.

3. Butter in einem großen Topf zerlassen. Das vorbereitete Gemüse darin eventuell in 2 Portionen andünsten. Kartoffeln und Fleischwürfel hinzufügen. So viel kaltes Wasser hinzugießen, dass die Zutaten bedeckt sind. Alles zum Kochen bringen. Mit etwas Salz und Pfeffer würzen. Lorbeerblatt hinzufügen. Den Rübentopf zugedeckt etwa 45 Minuten bei schwacher Hitze leicht kochen lassen.

4. Schnittlauch abspülen, trocken tupfen und in feine Röllchen schneiden. Den Rübentopf mit Schnittlauchröllchen bestreut servieren.

TIPP:

Als Geselchtes wird in Süddeutschland und Österreich gepökeltes und geräuchertes Fleisch bezeichnet.

RUMFORDSUPPE

Zubereitungszeit: 25 Minuten, ohne Einweichzeit
Garzeit: etwa 70 Minuten

ZUTATEN FÜR 4 PORTIONEN

100 g getrocknete gelbe Erbsen
1 mittelgroße Möhre
1 Stück Knollensellerie (ca. 150 g)
1 mittelgroße Zwiebel
160 g durchwachsener Speck
1 l Rinderfond oder -brühe
300 g festkochende Kartoffeln
80 g mittelgroße Graupen (geschälte, polierte Weizen- oder Gerstenkörner)
Salz
gem. Pfeffer
2 EL klein geschnittene Petersilie

PRO PORTION:

E: 14 g, F: 46 g, Kh: 43 g, kcal: 661

1. Erbsen in eine Schüssel geben, mit reichlich kaltem Wasser übergießen und über Nacht einweichen.

2. Möhre, Sellerie und Zwiebel schälen. Möhre und Sellerie abspülen, abtropfen lassen. Gemüse und Zwiebel in Würfel schneiden. Speck ebenfalls in Würfel schneiden. Speckwürfel in einem Topf auslassen, herausnehmen und beiseitestellen. Danach Möhren-, Sellerie-, und Zwiebelwürfel in den Topf geben und im Bratfett andünsten.

3. Die eingeweichten Erbsen in ein Sieb gießen, abtropfen lassen und mit kaltem Wasser kurz abspülen. Erbsen in den Topf geben. Danach Rinderfond oder -brühe hinzugießen, zum Kochen bringen und zugedeckt etwa 50 Minuten köcheln lassen. Zwischendurch gelegentlich durchrühren.

4. Kartoffeln schälen, waschen und in mundgerechte Stücke schneiden. Graupen in ein Sieb geben und mit kaltem Wasser abspülen. Graupen und Kartoffelwürfel in die Suppe geben. Mit Salz und Pfeffer würzen.

5. Die Suppe wieder zum Kochen bringen und weitere etwa 20 Minuten garen, eventuell zwischendurch noch etwas Fond bzw. Brühe angießen und gelegentlich durchrühren. Suppe vor dem Servieren eventuell nochmals mit Salz und Pfeffer abschmecken und mit Petersilie und den beiseitegestellten Speckwürfeln bestreut servieren.

BEILAGE:

Geröstete Graubrotwürfel.

TIPP:

Rumford war 1784 bayerischer Kriegsminister: Die Suppe ist nach ihm benannt und ursprünglich als Militärverpflegung gedacht.

SALSA-SUPPE

Zubereitungszeit: 25 Minuten
Garzeit: etwa 10 Minuten
+ Vegetarisch

ZUTATEN FÜR 8–10 PORTIONEN

1 Bund Frühlingszwiebeln
500 g abgetropfte Kidneybohnen (aus der Dose)
265 g abgetropfter Gemüsemais (aus der Dose)
2 EL Speiseöl
etwa 40 g Weizenmehl
1 l Gemüsebrühe
700 ml Tomaten-Chili-Sauce, z. B. Texicana Salsa
1 Glas Ajvar (330 g, Paprikapaste)
Salz, gem. Pfeffer
1 Pck. TK-Petersilie (25 g)

PRO PORTION:

E: 20 g, F: 12 g, Kh: 52 g, kcal: 414

1. Die Frühlingszwiebeln putzen, abspülen, abtropfen lassen und in Scheiben schneiden. Kidneybohnen und Mais in ein Sieb geben, mit kaltem Wasser abspülen und abtropfen lassen.

2. Speiseöl in einem Topf erhitzen. Frühlingszwiebelscheiben darin andünsten. Mit Mehl bestäuben, mit Gemüsebrühe ablöschen und glatt rühren.

3. Tomaten-Chili-Sauce, Ajvar, Kidneybohnen und Mais nacheinander in die Suppe geben und unter Rühren zum Kochen bringen. Dann die Suppe etwa 10 Minuten kochen lassen. Mit Salz und Pfeffer würzen.

4. Die Salsa-Suppe mit Petersilie bestreuen und servieren.

TIPP:

Schmecken Sie die Suppe zusätzlich mit etwas Limettensaft und Cayennepfeffer ab.

SAUERKRAUTEINTOPF MIT FISCHFILET

Zubereitungszeit: 35 Minuten
Garzeit: 22–30 Minuten

ZUTATEN FÜR 2–3 PORTIONEN

1 Pck. vorgegarte Kartoffeln (350 g, aus dem Kühlregal)
1 Zwiebel
2 EL Speiseöl, z. B. Sonnenblumenöl
100 g gewürfelter Schinken (aus dem Kühlregal)
500 g Sauerkraut
500 ml Gemüsebrühe
1 TL schwarze Pfefferkörner
½ TL Wacholderbeeren
1 Lorbeerblatt
250 g TK-Seelachsfilet (aufgetaut)
Salz, gem. Pfeffer, Zucker
1 EL TK-Schnittlauch

PRO PORTION:

E: 21 g, F: 9 g, Kh: 24 g, kcal: 316

1. Kartoffeln in kleine Würfel schneiden. Zwiebel abziehen und würfeln.

2. Das Öl in einem Topf erhitzen. Schinkenwürfel darin in 2–3 Minuten unter gelegentlichem Rühren anbraten. Zwiebelwürfel hinzugeben und alles unter Rühren 2–3 Minuten dünsten. Sauerkraut dazugeben, kurz mitschmoren. Kartoffelwürfel, Brühe, Pfefferkörner, Wacholderbeeren und Lorbeerblatt zugeben. Alles zum Kochen bringen und mit Deckel 15–20 Minuten köcheln lassen.

3. Den Fisch mit Küchenpapier abtupfen und in mundgerechte Stücke schneiden. Die Fischstücke mit Salz und Pfeffer bestreuen. In den Sauerkrauteintopf geben und die Fischstücke 5–7 Minuten mitgaren lassen.

4. Den Eintopf vorsichtig umrühren, mit Salz, Pfeffer und Zucker abschmecken. Den Eintopf mit Schnittlauchröllchen garniert servieren.

BEILAGE:

Kräftiges Bauernbrot.

SAUERSCHARFE ASIASUPPE

Zubereitungszeit: 25 Minuten
Garzeit: etwa 17 Minuten
+ Vegetarisch

ZUTATEN FÜR 4 PORTIONEN

20 g Ingwerwurzel
1 Knoblauchzehe
2 Stängel Zitronengras
2 Kaffir-Limettenblätter
(erhältlich im Asialaden)
2 mittelgroße Möhren (etwa 200 g)
1 l heiße Gemüsebrühe
1–2 kleine rote Chilischoten
1 Bund Frühlingszwiebeln
150 g Shiitakepilze
(ersatzweise rosé Champignons)
150 g Zuckerschoten
300 g Tofu, natur
1–2 Limetten, Sojasauce

PRO PORTION:

E: 16 g, F: 5 g, Kh: 19 g, kcal: 184

1. Ingwer schälen, Knoblauch abziehen und beides in feine Scheiben schneiden. Zitronengras putzen, äußere Blätter entfernen, abspülen, abtropfen lassen und in grobe Stücke schneiden. Zitronengrasstücke etwas aufklopfen. Limettenblätter abspülen und abtropfen lassen. Möhren putzen, schälen, abspülen, abtropfen lassen und in feine Stifte schneiden.

2. Gemüsebrühe in einem Topf zum Kochen bringen. Möhrenstifte, Ingwer- und Knoblauchscheiben, Zitronengrasstücke und Limettenblätter hinzugeben, wieder zum Kochen bringen.

3. In der Zwischenzeit Chilischoten abspülen, abtropfen lassen, entstielen, entkernen und längs aufschneiden. Schotenhälften in die Suppe geben. (Anschließend unbedingt gründlich die Hände waschen, damit nichts versehentlich in die Augen gerät!) Die Suppe etwa 10 Minuten zugedeckt bei schwacher Hitze kochen lassen.

4. In der Zwischenzeit die Frühlingszwiebeln putzen, abspülen, abtropfen lassen und schräg in Scheiben schneiden. Pilze putzen, evtl. kurz kalt abspülen, trocken tupfen und ebenfalls in Scheiben schneiden. Von den Zuckerschoten die Enden abschneiden, evtl. abfädeln. Zuckerschoten abspülen, abtropfen lassen und schräg halbieren. Tofu abtropfen lassen, in etwa 2 cm große Würfel schneiden. Limetten halbieren und den Saft auspressen.

5. Die Suppe mit Sojasauce und Limettensaft würzen. Frühlingszwiebeln, Pilze, Zuckerschoten und Tofu hinzugeben und in der Suppe bei schwacher Hitze etwa 7 Minuten gar kochen lassen. Suppe mit Sojasauce abschmecken und in Suppentassen verteilen.

TIPPS:

Kaffir-Limettenblätter gibt es tiefgefroren im Asialaden. Als Ersatz können Sie gemahlenes Zitronengras verwenden.
Nach Belieben auch körnig gekochten Reis oder Asia-Instant-Nudeln (Mie-Nudeln) dazu servieren.

SCHLESISCHER BIGOS

Zubereitungszeit: 45 Minuten
Garzeit: etwa 60 Minuten
▲ Mit Alkohol

ZUTATEN FÜR 6–8 PORTIONEN

1 kg Schweineschulter
Salz
gem. Pfeffer
100 g durchwachsener Speck
3 Zwiebeln
3 Äpfel
2 EL Schweineschmalz
1 kg frisches Sauerkraut
Zucker
1 Gewürzbeutel (bestehend aus 1 TL Kümmelsamen, 6 Wacholderbeeren, 1 Lorbeerblatt)
500 ml trockener Riesling
1 kg festkochende Kartoffeln
200 g Knoblauchwurst

PRO PORTION:

E: 40 g, F: 32 g, Kh: 26 g, kcal: 613

1. Die Schweineschulter mit Küchenpapier trocken tupfen und in etwa 30 g schwere Würfel schneiden. Fleischwürfel mit Salz und Pfeffer würzen. Speck in Streifen schneiden. Zwiebeln abziehen und in kleine Würfel schneiden. Äpfel schälen, vierteln und entkernen. Apfelviertel in Spalten schneiden.

2. Den Backofen vorheizen.
Ober-/Unterhitze: etwa 200 °C
Heißluft: etwa 180 °C

3. Schmalz in einem großen, feuerfesten Topf oder Bräter erhitzen. Die Zwiebelwürfel und Speckstreifen darin andünsten. Die Fleischwürfel hinzugeben und kurz mitdünsten lassen. Das Sauerkraut mit einer Gabel auseinanderzupfen

und darauf verteilen. Apfelspalten daraufgeben und mit etwas Zucker bestreuen. Den Gewürzbeutel hineinlegen. Die Zutaten mit Wein übergießen und zum Kochen bringen. Den Topf oder Bräter zugedeckt auf dem Rost in den vorgeheizten Backofen schieben. Bigos **etwa 30 Minuten garen.**

4. In der Zwischenzeit Kartoffeln schälen, abspülen, abtropfen lassen und in dünne Scheiben schneiden oder hobeln. Die Knoblauchwurst in Scheiben schneiden.

5. Nach etwa 30 Minuten Garzeit zuerst die Kartoffelscheiben, dann die Wurstscheiben auf das Sauerkraut schichten. Eventuell etwas Wasser hinzugießen. Die Backofentemperatur um etwa 20 °C reduzieren. Bigos **weitere etwa 30 Minuten garen**. Den Gewürzbeutel entfernen.

BEILAGE:

Frisches Bauernbrot.

TIPP:

Für die Zubereitung des Bigos eignet sich eine ofenfeste, irdene Form (Auflaufform), in der auch gut serviert werden kann. Dann die angedünsteten Zutaten mit Sauerkraut, Apfelspalten, Kartoffelscheiben, Wurstscheiben und Gewürzsäckchen in die Form schichten, mit Wein übergießen und wie angegeben garen.

SCHWEDISCHE KARTOFFEL-KÖTTBULLAR-SUPPE

Zubereitungszeit: 25 Minuten
Garzeit: etwa 12 Minuten

ZUTATEN FÜR 4 PORTIONEN

FÜR DIE SUPPE:

1 Zwiebel
700 g mehligkochende Kartoffeln
2 EL neutrales Speiseöl, z. B. Rapsöl
125 g TK-Suppengemüse
125 g TK-Erbsen
1 Lorbeerblatt
1 l heiße Gemüsebrühe
Salz
gem. Pfeffer
ger. Muskatnuss
1 EL gehackter Dill (frisch oder TK)

1 EL Butter oder Margarine
350 g gebratene Fleischklößchen (aus dem Kühlregal – ersatzweise 3 feine, frische Bratwürste, etwa 300 g)
200 g Lauch

175 g Doppelrahm-Frischkäse

ZUM GARNIEREN:

1 EL gehackter Dill (frisch oder TK)

PRO PORTION:

E: 20 g, F: 32 g, Kh: 37 g, kcal: 523

1. Für die Suppe Zwiebel abziehen und fein würfeln. Kartoffeln schälen, abspülen, abtropfen lassen und in 1 cm große Würfel schneiden.

2. Speiseöl in einem großen Topf erhitzen. Gefrorenes Suppengemüse und Zwiebelwürfel darin unter Wenden anbraten. Kartoffelwürfel, gefrorene Erbsen und Lorbeerblatt hinzugeben, kurz mit andünsten. Gemüsebrühe hinzugießen und zum Kochen bringen. Mit Salz, Pfeffer und Muskat würzen. Dill hinzugeben. Die Zutaten zugedeckt bei mittlerer Hitze etwa 12 Minuten kochen lassen.

3. In der Zwischenzeit Butter oder Margarine in einer Pfanne zerlassen. Fleischklößchen darin anbraten (bei Verwendung von TK-Klößchen auf die Herstellerangabe achten; Bratwurstbrät in kleinen Klößchen direkt aus der Haut drücken, etwa 3 Minuten braten).

4. Lauch putzen, die Stange längs halbieren, gründlich waschen und abtropfen lassen. Lauch in feine Streifen schneiden und zu den Fleischklößchen in die Pfanne geben. Die Zutaten weitere etwa 4 Minuten braten. Mit Salz, Pfeffer und Muskat würzen.

5. Lorbeerblatt entfernen. Kartoffeln in der Suppe mit einem Kartoffelstampfer zerdrücken, sodass noch kleine Stückchen erkennbar sind. Anschließend den Frischkäse unterrühren. Die Cremesuppe mit Salz, Pfeffer und Muskat abschmecken und in tiefen Tellern verteilen. Köttbullar-Lauch-Mischung mit einem Löffel hineingeben. Mit gehacktem Dill garnieren.

TIPPS:

Wenn's mal noch schneller gehen soll: Suppengemüse, Erbsen und Zwiebeln andünsten, mit Brühe ablöschen, 5 Minuten kochen lassen. Dann 2 Beutel Kartoffelpüreepulver (für je 3 Portionen) einrühren, 2 Minuten kochen lassen. Frischkäse unterrühren, abschmecken und servieren.
Lecker schmeckt die Suppe statt mit angebratenen Lauchstreifen auch mit fertig gekauften Röstzwiebeln.
Möchten Sie die Köttbullar selbst zubereiten, können Sie gewürztes Mett mit angefeuchteten Händen zu kleinen Klößchen formen und wie beschrieben braten. Haben Sie Zeit, bereiten Sie davon eine größere Menge zu und frieren Sie sie portionsweise ein. So haben Sie eine schnelle Reserve für das nächste Mal.

SELLERIE-APFEL-SUPPE MIT WASABI

Zubereitungszeit: 25 Minuten
Garzeit: etwa 15 Minuten

ZUTATEN FÜR 4 PORTIONEN

FÜR DIE SUPPE:

500 g junger Knollensellerie
350 g mehligkochende Kartoffeln
180 g Staudensellerie
1 Zwiebel
250 g säuerliche Äpfel (etwa 2 Stück)
2 EL Butter oder Margarine
Salz
gem. Pfeffer
1 l heiße Gemüsebrühe
250 g geräuchertes Fischfilet, z. B. Forelle, Lachsforelle oder Lachs
150 g Schlagsahne
4–5 TL Wasabi-Pulver (ersatzweise Meerrettich aus dem Glas)
2–3 EL Zitronensaft

PRO PORTION:

E: 19 g, F: 25 g, Kh: 26 g, kcal: 404

1. Für die Suppe Knollensellerie und Kartoffeln schälen, abspülen, abtropfen lassen und in 1 cm große Würfel schneiden. Staudensellerie putzen. Das zarte Grün beiseitelegen. Selleriestangen abspülen, abtropfen lassen und in feine Scheiben schneiden. Zwiebel abziehen und in feine Würfel schneiden.

2. Äpfel heiß abwaschen, abtropfen lassen, halbieren und entkernen. Stängelansätze und Blüten entfernen. Die Hälfte der Äpfel in feine Spalten schneiden. Butter oder Margarine in einem Topf zerlassen, Apfelspalten darin anbraten, herausnehmen und beiseitestellen.

3. Knollensellerie- und Kartoffelwürfel, Staudenselleriescheiben und Zwiebelwürfel im Bratfett unter Wenden etwa 4 Minuten andünsten. Mit Salz und Pfeffer würzen. Gemüsebrühe hinzugießen, zum Kochen bringen und etwa 12 Minuten bei schwacher Hitze kochen.

4. Restliche Apfelhälften in Stücke schneiden und in die Suppe geben, weitere etwa 3 Minuten bei schwacher Hitze kochen lassen.

5. In der Zwischenzeit Fischfilet in mundgerechte Stücke zupfen oder in Streifen schneiden und beiseitestellen.

6. Die Suppe mit einem Pürierstab pürieren. Sahne hinzugießen und kurz aufkochen. Wasabi-Pulver mit etwas Wasser glatt rühren. Suppe mit Salz, Pfeffer, Wasabi-Mischung und Zitronensaft abschmecken.

7. Selleriegrün abspülen, trocken tupfen und fein schneiden. Die Suppe mit dem Fisch, angebratenen Apfelspalten und Selleriegrün anrichten.

TIPP:

Die Suppe schmeckt auch lecker mit Kasseler-Aufschnitt oder geräuchertem Schinken.

SERBISCHE BOHNENSUPPE

Zubereitungszeit: 40 Minuten
Garzeit: 2–2 ¼ Stunden

ZUTATEN FÜR 8 PORTIONEN

1 kg Hohe Rippe (vom Rind)
1 ½ l Fleischbrühe
8 Zwiebeln
4 Knoblauchzehen
je 2 rote und grüne Paprikaschoten
2 Stangen Lauch
1 Stück Knollensellerie (250 g)
800 g geschälte Tomaten (aus der Dose)
500 g weiße Bohnen (aus der Dose)
Salz
gem. Pfeffer
Cayennepfeffer
Paprikapulver rosenscharf

PRO PORTION:

E: 36 g, F: 11 g, Kh: 18 g, kcal: 324

1. Hohe Rippe mit Küchenpapier abtupfen. Brühe in einem großen Topf zum Kochen bringen. Das Fleisch hinzufügen, wieder zum Kochen bringen und zugedeckt 1 ½–2 Stunden kochen lassen.

2. In der Zwischenzeit Zwiebeln und Knoblauch abziehen und in kleine Würfel schneiden. Die Paprikaschoten halbieren, entstielen, entkernen und die weißen Scheidewände entfernen. Die Schotenhälften abspülen, trocken tupfen und in Streifen schneiden.

3. Lauch putzen, die Stangen längs halbieren, gründlich abspülen, abtropfen lassen und in Streifen schneiden. Den Sellerie putzen, schälen, abspülen, abtropfen lassen und in Würfel schneiden.

4. Das gare Fleisch aus der Brühe nehmen und etwas abkühlen lassen.

5. Vorbereitetes Gemüse in die Brühe geben, wieder zum Kochen bringen und 10–15 Minuten kochen lassen.

6. Tomaten mithilfe einer Gabel in der Dose etwas zerkleinern, mit den weißen Bohnen (beides mit der Flüssigkeit) hinzufügen und wieder zum Kochen bringen. Die Suppe weitere 2–3 Minuten kochen lassen.

7. Die Suppe mit Salz, Pfeffer, Cayennepfeffer und Paprika würzen.

8. Das Fleisch in kleine Würfel schneiden, in die Suppe geben und miterhitzen.

TIPPS:

Die Bohnensuppe lässt sich sehr gut einfrieren, daher können Sie auch sofort die doppelte Menge zubereiten.
Die Bohnensuppe mit Petersilienblättchen garnieren.

SOMMER-SOLJANKA

Zubereitungszeit: 35 Minuten
Garzeit: etwa 2 Stunden und 30 Minuten

ZUTATEN FÜR 4–5 PORTIONEN

1 Zwiebel
2 Gewürznelken
2 Lorbeerblätter
4 schwarze Pfefferkörner
Salz
1 kg gepökeltes Rindfleisch (beim Metzger rechtzeitig vorbestellen; z. B. Rinderbrust oder Keulenstück)
350 g vorwiegend festkochende Kartoffeln
250 g grüne Bohnen
2 Zucchini (etwa 375 g)
680 g Letscho (Paprika-Tomaten-Gemüse-Mischung aus dem Glas)

FÜR DEN DIP:

1 Bund Dill
250 g Schmand (Sauerrahm)

1 TL Zitronensaft
gem. Pfeffer

PRO PORTION:

E: 51 g, F: 64 g, Kh: 25 g, kcal: 923

1. Zwiebel abziehen und in Spalten schneiden. Mit Gewürznelken, Lorbeerblättern und Pfefferkörnern in einen Topf geben. 1 ½ Liter Wasser und etwas Salz hinzugeben und zugedeckt zum Kochen bringen.

2. Das Fleisch mit Küchenpapier abtupfen und in den Kochfond geben. Das Fleisch bei schwacher Hitze leicht siedend mindestens 2 Stunden (je nach Beschaffenheit des Fleisches) kochen lassen, bis es zart und mürbe ist.

3. In der Zwischenzeit Kartoffeln schälen, abspülen und abtropfen lassen. Bohnen putzen, evtl. abfädeln, abspülen und abtropfen lassen. Bohnen und Kartoffeln in mundgerechte Stücke brechen bzw. schneiden.

4. Das gegarte Fleisch aus der Brühe nehmen und zugedeckt beiseitelegen. Von der Brühe 800 ml abmessen, nochmals mit den Gewürzen abschmecken und in dem Topf zum Kochen bringen. Kartoffeln und Bohnen in den Fleischfond geben, wieder zum Kochen bringen und 12–15 Minuten bei schwacher Hitze garen.

5. Zucchini abspülen, abtrocknen und die Enden abschneiden. Zucchini längs halbieren und in etwa ½ cm dicke Scheiben schneiden. Letscho und Zucchinischeiben zum Eintopf in den Topf geben, untermischen, mit Salz und Pfeffer würzen. Das beiseitegelegte Fleisch wieder hinzugeben und alle Zutaten weitere 10–15 Minuten bei schwacher Hitze kochen lassen.

6. Für den Dip Dill abspülen, trocken tupfen und die Spitzen von den Stängeln zupfen, Spitzen klein schneiden. Schmand mit Zitronensaft, Salz und Pfeffer verrühren. Dill unterrühren und den Dip abschmecken.

7. Das Fleisch aus dem Eintopf nehmen und zugedeckt kurz ruhen lassen.

8. Eintopf mit Zitronensaft, Salz und Pfeffer abschmecken. Fleisch in Würfel schneiden und im Eintopf nochmals kurz erhitzen. Eintopf in Tellern anrichten und den Dill-Dip dazureichen.

TIPP:

Die Suppe zusätzlich mit 6–8 abgetropften, eingelegte Kapernäpfeln aus dem Glas garnieren.

SOMMERSUPPE MIT SALSA UND KNUSPERSCHINKEN

Zubereitungszeit: 20 Minuten

ZUTATEN FÜR 4 PORTIONEN

ZUM VORBEREITEN:

100 g Schinken in dünnen Scheiben, z. B. Schwarzwälder oder Parmaschinken

FÜR DIE SUPPE:

500 g Joghurt (3,5 % Fett), gut gekühlt
250 ml kräftige Brühe, gut gekühlt
2 EL Olivenöl
Salz
gem. Pfeffer
1–2 EL Zitronensaft
1 Prise feiner, brauner Zucker

FÜR DIE SALSA:

120 g Tomaten
je 2–3 Stängel Minze und glatte Petersilie
2 reife Pfirsiche oder Nektarinen (etwa 280 g)
1 Prise grob geschroteter Chili

PRO PORTION:

E: 10 g, F: 11 g, Kh: 13 g, kcal: 197

1. Den Backofen vorheizen.
Ober-/Unterhitze: etwa 220 °C
Heißluft: etwa 200 °C

2. Zum Vorbereiten Schinkenscheiben auf einem Backblech (mit Backpapier belegt) verteilen. Das Backblech in den vorgeheizten Backofen schieben. Schinkenscheiben **etwa 10 Minuten knusprig rösten.**

3. Das Backblech auf einen Kuchenrost stellen. Schinkenscheiben vorsichtig vom Backblech nehmen und auf Küchenpapier abtropfen lassen.

4. In der Zwischenzeit für die Suppe Joghurt mit Brühe, Olivenöl, Salz und Pfeffer in einer Rührschüssel verschlagen. Joghurtsuppe mit Zitronensaft und Zucker würzen.

5. Für die Salsa Tomaten abspülen, abtrocknen, halbieren und die Stängelansätze herausschneiden. Tomatenhälften fein würfeln. Kräuter abspülen und trocken tupfen. Die Blättchen von den Stängeln zupfen. Blättchen klein schneiden.

6. Pfirsiche oder Nektarinen abspülen, abtrocknen, halbieren und entsteinen. Pfirsich- oder Nektarinenhälften fein würfeln. Tomatenwürfel und Kräuter unterheben. Mit Chili würzen.
Salsa in 4 tiefen Tellern verteilen, Joghurtsuppe hinzugießen. Die Schinkenscheiben daranlegen.

BEILAGE:

Knuspriges Baguette.

TIPPS:

Ist Ihnen die Zubereitung der Schinkenscheiben im Backofen zu aufwendig, können Sie sie auch in einer Pfanne ohne Fett rösten. Dazu die Schinkenscheiben in die heiße Pfanne geben und unter gelegentlichem Wenden knusprig rösten.
Statt mit Pfirsichen oder Nektarinen können Sie die pikante Salsa auch mit aromatischem Melonenfruchtfleisch (z. B. Charentais-Melone) zubereiten.

SPARGELCREMESUPPE

Zubereitungszeit: 45 Minuten
Garzeit: 35–37 Minuten
+ Vegetarisch

ZUTATEN FÜR 4 PORTIONEN

500 g weißer Spargel
Salz, Zucker
60 g Butter
etwa 300 ml Milch (1,5 % Fett)
30 g Weizenmehl
2–3 Stängel Petersilie
gem. weißer Pfeffer
ger. Muskatnuss
2 Eigelb (Größe M)
3 EL Schlagsahne

PRO PORTION:

E: 7 g, F: 22 g, Kh: 12 g, kcal: 272

1. Den Spargel abspülen und abtropfen lassen. Die Spargelstangen von oben nach unten schälen. Dabei darauf achten, dass die Schalen vollständig entfernt, die Köpfe aber nicht verletzt werden. Die unteren Enden abschneiden (holzige Stellen vollkommen entfernen). Schalen und Enden beiseitelegen. Die Spargelstangen in etwa 3 cm lange Stücke schneiden.

2. Spargelenden und -schalen in den Topf geben. 1 Teelöffel Salz, 1 Teelöffel Zucker und 20 g Butter hinzufügen. 1 Liter Wasser hinzugießen, zum Kochen bringen und zugedeckt etwa 15 Minuten bei mittlerer Hitze köcheln lassen.

3. Die Spargelenden und -schalen durch ein Sieb abgießen, die Kochflüssigkeit dabei auffangen und wieder zum Kochen bringen. Die Spargelstücke hineingeben, zum Kochen bringen und zugedeckt in 10–12 Minuten bissfest garen.

4. Die Spargelstücke zum Abtropfen in ein Sieb geben, dabei die Kochflüssigkeit wieder auffangen und mit der Milch auf 1 Liter auffüllen.

5. Die restliche Butter in dem Topf zerlassen. Mehl unter Rühren darin erhitzen, bis es hellgelb ist. Die Spargel-Milch-Flüssigkeit nach und nach hinzugießen, mit einem Schneebesen kräftig durchschlagen. Dabei darauf achten, dass keine Klümpchen entstehen.

6. Die Suppe zum Kochen bringen und bei schwacher Hitze etwa 10 Minuten ohne Deckel leicht kochen, dabei gelegentlich umrühren.

7. Die Petersilie abspülen, trocken tupfen, die Blättchen von den Stängeln zupfen und zwei Drittel davon fein schneiden.

8. Die Suppe mit Salz, Zucker, Pfeffer und Muskat würzen. Eigelb mit Sahne in einer kleinen Schüssel verschlagen und 4 Esslöffel von der Suppe unterrühren.

9. Die Eigelb-Sahne-Masse unter die Suppe rühren, die Suppe nicht mehr kochen lassen (sie flockt sonst aus!). Abgetropfte Spargelstücke wieder hinzufügen und kurz erwärmen. Die Suppe mit Petersilie garniert servieren.

TIPPS:

Wenn es nicht vegetarisch sein soll, nach Belieben zusätzlich 50 g Kochschinken oder Lachs in Streifen schneiden und mit den Spargelstücken in der Suppe erhitzen.
Sie können die Suppe auch aus grünem Spargel zubereiten. Den grünen Spargel nur im unteren Drittel schälen und die Enden abschneiden. Die grünen Spargelstücke etwa 8 Minuten kochen lassen.
Spargelsuppe lässt sich (bis einschließlich Punkt 6 zubereitet und mit den Spargelstücken), also ohne Eigelb, Sahne und Petersilie, auf Vorrat für etwa 3 Monate einfrieren.

SPARGELEINTOPF

◷ Zubereitungszeit: 30 Minuten
Garzeit: etwa 36 Minuten
+ Vegetarisch

ZUTATEN FÜR 4–6 PORTIONEN

800 g weißer Spargel
300 g grüner Spargel
Salz
1 TL Zucker (5 g)
gem. Pfeffer
2 Zwiebeln (etwa 130 g)
2 Knoblauchzehen
30 g Ingwerwurzel
25 g Butter
500 g neue Kartoffeln
250 g Möhren
1 kleiner Kohlrabi (etwa 200 g)
100 g Zuckerschoten

1 Bund Petersilie

PRO PORTION:

E: 7 g, F: 9 g, Kh: 25 g, kcal: 211

1. Den weißen Spargel von oben nach unten schälen. Darauf achten, dass die Schalen vollständig entfernt, die Köpfe aber nicht verletzt werden. Die unteren Enden abschneiden (holzige Stellen vollkommen entfernen). Von dem grünen Spargel nur das untere Drittel schälen und die unteren Enden abschneiden. Spargelstangen, -schalen und -enden abspülen und abtropfen lassen.

2. Spargelschalen und -enden in einen Topf geben, mit Wasser bedeckt zum Kochen bringen. Mit Salz, Zucker und Pfeffer würzen. Zugedeckt etwa 15 Minuten bei schwacher Hitze leicht kochen lassen. Anschließend in ein Sieb geben, dabei den Spargelfond auffangen.

3. Zwiebeln und Knoblauch abziehen, klein würfeln. Ingwer schälen, in kleine Würfel schneiden. Butter in einem großen Topf zerlassen. Zwiebel-, Knoblauch- und Ingwerwürfel darin unter Rühren andünsten. Spargelfond hinzugießen, zum Kochen bringen. Kartoffeln schälen, abspülen, abtropfen lassen, klein würfeln. Kartoffelwürfel in den Spargelfond geben, wieder zum Kochen bringen, zugedeckt etwa 5 Minuten bei schwacher Hitze kochen lassen.

4. Möhren putzen, schälen, abspülen, abtropfen lassen, in Scheiben schneiden. Kohlrabi schälen, abspülen, abtropfen lassen. Kohlrabi zuerst in Scheiben, dann in Würfel schneiden. Die weißen Spargelstangen in 2–3 cm lange Stücke schneiden. Möhrenscheiben, Kohlrabiwürfel und Spargelstücke zum Spargelfond in den Topf geben, wieder zum Kochen bringen und zugedeckt etwa 10 Minuten kochen lassen.

5. Die grünen Spargelstangen in 2–3 cm lange Stücke schneiden, in den Eintopf geben, zugedeckt weitere etwa 5 Minuten kochen lassen.

6. Von den Zuckerschoten die Enden abschneiden, evtl. abfädeln. Zuckerschoten abspülen, abtropfen lassen, halbieren, in den Eintopf geben und etwa 1 Minute mitkochen lassen. Den Eintopf mit Salz und Pfeffer abschmecken.

7. Petersilie abspülen und trocken tupfen. Die Blättchen von den Stängeln zupfen. Blättchen klein schneiden. Den Eintopf mit Petersilie bestreuen und servieren.

SPARGELRAHMTOPF MIT GARNELEN UND ESTRAGON

- Zubereitungszeit: 50 Minuten
  Garzeit: etwa 15 Minuten
- ▲ Mit Alkohol

ZUTATEN FÜR 6 PORTIONEN

800 g neue Kartoffeln
je 1 kg weißer und grüner Spargel
2 Schalotten
2 EL Butter
3 EL Weizenmehl
100 ml trockener Riesling
Salz, gem. Pfeffer
200 g Schlagsahne
600 g geschälte, entdarmte Garnelen
4 Stängel Estragon

PRO PORTION:

E: 30 g, F: 18 g, Kh: 29 g, kcal: 419

1. Kartoffeln waschen, schälen, abspülen, abtropfen lassen und in 1 cm dicke Scheiben schneiden. Den weißen Spargel von oben nach unten schälen. Darauf achten, dass die Schalen vollständig entfernt, die Köpfe aber nicht verletzt werden. Die unteren Enden abschneiden (holzige Stellen vollständig entfernen). Von dem grünen Spargel nur das untere Drittel schälen, die Enden abschneiden. Spargelstangen abspülen, abtropfen lassen, in etwa 3 cm lange Stücke schneiden.

2. Schalotten abziehen und in kleine Würfel schneiden. Butter in einem Topf zerlassen. Schalottenwürfel darin andünsten. Weiße Spargelstücke und Kartoffelscheiben portionsweise hinzugeben und mitdünsten lassen. Mit Mehl bestäuben. Mit Wein ablöschen. So viel kaltes Wasser hinzugießen, dass die Zutaten bedeckt sind. Mit Salz und Pfeffer würzen.

3. Die Zutaten zum Kochen bringen und etwa 10 Minuten bei mittlerer Hitze garen. Grüne Spargelstücke hinzugeben, eventuell etwas Wasser hinzugießen, wieder zum Kochen bringen und weitere etwa 5 Minuten kochen lassen. Sahne unterrühren.

4. Dann die Garnelen abspülen, trocken tupfen, in den Spargelrahmtopf geben und in etwa 5 Minuten gar ziehen lassen.

5. Estragon abspülen und trocken tupfen. Die Blättchen von den Stängeln zupfen. Blättchen klein schneiden. Den Spargelrahmtopf anrichten und mit Estragon bestreut servieren.

SPITZKOHL-RAHMTOPF MIT PULLED LACHS

Zubereitungszeit: 20 Minuten
Garzeit: 20–25 Minuten

ZUTATEN FÜR 4 PORTIONEN

2 mittelgroße Zwiebeln (etwa 100 g)
500 g vorwiegend festkochende Kartoffeln
600 g zarter Spitzkohl
2 mittelgroße Möhren (etwa 100 g)
1 EL Speiseöl
Salz
gem. Pfeffer
ger. Muskatnuss
750 ml kräftige Gemüsebrühe
150 g Schlagsahne

½ kleine Bio-Zitrone (unbehandelt, ungewachst)
1 Bund Dill
250 g heiß geräucherter Lachs (Stremel-Lachs oder Lachsforelle)

PRO PORTION:

E: 21 g, F: 25 g, Kh: 26 g, kcal: 429

1. Zwiebeln abziehen und in Spalten schneiden. Kartoffeln schälen, abspülen, abtropfen lassen und ebenfalls in Spalten schneiden. Spitzkohl putzen, abspülen und abtropfen lassen. Den Kohl halbieren, Strunk und dicke Blattrippen ausschneiden. Den Kohl in etwa 2 cm feine Stücke schneiden. Möhren putzen, schälen, abspülen, abtropfen lassen und in feine Stifte schneiden.

2. Speiseöl in einem Topf erhitzen. Die Zwiebelspalten darin unter Wenden goldbraun anbraten. Dann Kartoffelspalten, Möhrenstifte und Kohlstücke hinzugeben und alles unter Wenden etwa 3 Minuten anrösten. Mit Salz, Pfeffer und Muskat würzen.

3. Brühe und Sahne hinzugießen, zum Kochen bringen und unter gelegentlichem Rühren 20–25 Minuten (je nach Zartheit des Kohls) bei schwacher Hitze gar kochen lassen.

4. In der Zwischenzeit Zitrone heiß abwaschen, abtrocknen und etwa ½ Teelöffel Zitronenschale fein abreiben. Dill abspülen, trocken tupfen und die Spitzen von den Stängeln zupfen. Dill klein schneiden.

5. Lachs in feine Stückchen zupfen, mit Dill, Zitronenschale und etwas Pfeffer mischen.

6. Spitzkohl-Rahmtopf nochmals mit den Gewürzen abschmecken, in Tellern verteilen und mit dem Pulled Lachs anrichten.

TIPP:

Wer beim Fischhändler oder im Feinkostgeschäft keinen Stremel-Lachs erhält, serviert dieses Gericht einfach mit frischem, im Backofen zubereiteten Lachsfilet. Dafür 250 g frisches Lachsfilet auf Haut mit Küchenpapier abtupfen und mit der Hautseite nach unten in eine kleine Auflaufform setzen. Mit Pfeffer und Salz (nach Belieben auch vorsichtig mit Rauch-Aroma aromatisiertem Meersalz) würzen. Im vorgeheizten Backofen (Ober- und Unterhitze: etwa 200 °C/Heißluft: etwa 180 °C) 18–20 Minuten garen. Das Lachsfleisch mit zwei Gabeln vorsichtig von der Haut lösen und zerzupfen. Dabei darauf achten, dass dunkle Fleischteile und Fett auf der Unterseite zuvor sorgfältig entfernt wurden.

STECKRÜBENEINTOPF

Zubereitungszeit: 30 Minuten
Garzeit: etwa 50 Minuten

ZUTATEN FÜR 4 PORTIONEN

500 g Kasseler (ohne Knochen)
2 Zwiebeln
1 EL Speiseöl
Salz
gem. Pfeffer
500 ml Gemüsebrühe
750 g Steckrüben
500 g vorwiegend festkochende Kartoffeln
1 EL gehackte Petersilie

PRO PORTION:

E: 26 g, F: 13 g, Kh: 25 g, kcal: 332

1. Kasseler mit Küchenpapier trocken tupfen und in kleine Würfel schneiden. Zwiebeln abziehen und ebenfalls klein würfeln.

2. Speiseöl in einem Topf erhitzen. Fleischwürfel darin von allen Seiten hellbraun anbraten. Die Zwiebelwürfel hinzufügen und kurz mitdünsten lassen. Mit Salz und Pfeffer würzen. Etwa die Hälfte der Gemüsebrühe hinzugießen und zum Kochen bringen. Die Fleischwürfel zugedeckt etwa 30 Minuten bei mittlerer Hitze garen.

3. In der Zwischenzeit die Steckrüben und Kartoffeln schälen, abspülen, abtropfen lassen und in Stifte schneiden.

4. Steckrüben-, Kartoffelstifte und die restliche Brühe zu den Fleischwürfeln in den Topf geben. Mit Salz und Pfeffer würzen. Den Eintopf wieder zum Kochen bringen und zugedeckt weitere etwa 20 Minuten garen.

5. Den Eintopf nochmals mit den Gewürzen abschmecken und mit Petersilie bestreut servieren.

TIPPS:

Schmecken Sie den Eintopf mit mittelscharfem Senf ab.
Würzen Sie den Eintopf nach Belieben zusätzlich mit gerebeltem Majoran oder bestreuen Sie ihn vor dem Servieren mit 1–2 abgespülten, abgetropften und dann in feine Scheiben geschnittenen Frühlingszwiebeln.
Der Steckrübeneintopf ist gefriergeeignet.

REZEPTVARIANTE 1:

Für einen **Steckrübeneintopf mit Linsen** (4 Portionen) zusätzlich 100 g Linsen (z. B. Berglinsen) nach Packungsanleitung mitgaren. Dafür etwa 1 Liter Gemüsebrühe verwenden.

REZEPTVARIANTE 2:

Für einen **Steckrübeneintopf mit Süßkartoffeln** (4 Portionen) statt der Kartoffeln orangefleischige Süßkartoffeln verwenden. Den Eintopf mit schwarzem Sesam (erhältlich im Asialaden) bestreut servieren.

STECKRÜBENSUPPE MIT SALAMI UND PETERSILIE

Zubereitungszeit: 30 Minuten
Dämpfzeit: etwa 15 Minuten

ZUTATEN FÜR 4 PORTIONEN

400 g Steckrüben
200 g Möhren
1 Zwiebel
3 Schalotten
100 g Salami, im Stück
1 EL Butter
1 l Gemüsebrühe
150 g Crème fraîche
Salz
gem. Pfeffer
2 EL Butter

ZUM BESTREUEN:

1 Bund glatte Petersilie

PRO PORTION:

E: 9 g, F: 32 g, Kh: 10 g, kcal: 367

1. Steckrüben und Möhren putzen, schälen, abspülen, abtropfen lassen und in Würfel schneiden. Einen Topf (mit Dämpfeinsatz, Ø etwa 24 cm) etwa 3 cm hoch mit Wasser füllen und das Wasser zum Kochen bringen. Das Gemüse in den Dämpfeinsatz legen. Den Einsatz in den Topf hängen und mit einem Deckel zudecken. Gemüse etwa 15 Minuten dämpfen.

2. Zwiebel und Schalotten abziehen, halbieren und in Scheiben schneiden. Salami in etwa 1 cm große Würfel schneiden.

3. Butter in einem Topf zerlassen. Zwiebelscheiben darin andünsten. Gemüsebrühe hinzugießen und zum Kochen bringen. Gedämpftes Gemüse hinzufügen. Die Suppe pürieren. Crème fraîche unterrühren, mit Salz und Pfeffer abschmecken.

4. Die Butter in einer Pfanne zerlassen. Salamiwürfel und Schalottenscheiben darin anbraten. Die Petersilie abspülen und trocken tupfen. Die Blättchen von den Stängeln zupfen, in feine Streifen schneiden. Die Suppe mit Salamiwürfeln, Schalotten und Petersilie bestreut servieren.

STIELMUSEINTOPF

Zubereitungszeit: 30 Minuten
Garzeit: etwa 40 Minuten

ZUTATEN FÜR 4 PORTIONEN

600 g Schweinenacken (ohne Knochen)
750 g Stielmus
500 g Kartoffeln
40 g Butter oder Margarine
Salz, frisch gem. Pfeffer
250 ml Wasser

PRO PORTION:

E: 34 g, F: 28 g, Kh: 23 g, kcal: 517

1. Das Fleisch mit Küchenpapier trocken tupfen und dann in kleine Würfel schneiden.

2. Stielmus putzen und die welken Blätter entfernen. Stielmus waschen, abtropfen lassen und klein schneiden. Kartoffeln waschen, schälen, abspülen, abtropfen lassen und klein würfeln.

3. Die Butter oder Margarine in einem Topf zerlassen. Die Fleischwürfel darin von allen Seiten leicht bräunen. Mit Salz und Pfeffer würzen.

4. Stielmus und Kartoffelwürfel zu den Fleischwürfeln in den Topf geben. Wasser hinzugießen und zum Kochen bringen. Den Eintopf zugedeckt etwa 40 Minuten garen. Mit Salz und Pfeffer abschmecken.

SÜSSKARTOFFELCREME-SUPPE (IM FOTO HINTEN)

Zubereitungszeit: 15 Minuten
Garzeit: etwa 20 Minuten
+ Vegetarisch

ZUTATEN FÜR 4 PORTIONEN

700 g rotfleischige Süßkartoffeln
2 Zwiebeln
1 rote Chilischote
2 EL Olivenöl
1 l Gemüsebrühe
200 ml ungesüßte Kokosmilch (aus der Dose)
Salz, gem. Pfeffer, ger. Muskatnuss
etwas gem. Kardamom oder Currypulver
1 Prise Zucker oder flüssiger Honig
2–3 EL Schnittlauchröllchen

PRO PORTION:

E: 5 g, F: 20 g, Kh: 39 g, kcal: 366

1. Die Süßkartoffeln schälen, abspülen, abtropfen lassen und grob würfeln. Die Zwiebeln abziehen, halbieren und grob würfeln. Die Chilischote halbieren, entstielen, entkernen, abspülen, trocken tupfen und in Stücke schneiden.

2. Das Olivenöl in einem großen Topf erhitzen. Die Kartoffel- und Zwiebelwürfel darin evtl. portionsweise unter Rühren andünsten. Brühe hinzugießen und Chilischotenstücke hinzugeben. Die Zutaten zum Kochen bringen und zugedeckt etwa 20 Minuten garen.

3. Die Suppe mit einem Pürierstab fein pürieren. Dann Kokosmilch unterrühren. Die Suppe mit Salz, Pfeffer, Muskat, Kardamom oder Curry und etwas Zucker oder Honig abschmecken.

4. Die Suppe in 4 Suppentassen füllen und mit Schnittlauchröllchen bestreut servieren.

SÜSSKARTOFFELSUPPE MIT BACKOBST UND BACON (IM FOTO VORN)

Zubereitungszeit: 25 Minuten
Garzeit: etwa 20 Minuten

ZUTATEN FÜR 4 PORTIONEN

100 g Zwiebeln
20 g Ingwerwurzel
300 g Süßkartoffeln
8 Pimentkörner
5 Wacholderbeeren
30 g Butter
150 ml Möhrensaft
100 ml Orangensaft
500 ml Geflügelbrühe
Salz
40 g Meerrettichwurzel
½ Bund Schnittlauch
50 g gemischtes Backobst
4 Scheiben Bacon (Frühstücksspeck)
je 1 TL fein abger. Bio-Orangen- und Zitronenschale (unbehandelt, ungewachst)

PRO PORTION:

E: 5 g, F: 8 g, Kh: 30 g, kcal: 218

1. Zwiebeln abziehen. Ingwer schälen. Zwiebeln und Ingwer in kleine Würfel schneiden.

2. Süßkartoffeln großzügig schälen, abspülen, abtropfen lassen und grob würfeln. Pimentkörner und Wacholderbeeren grob zerstoßen.

3. Butter in einem Topf zerlassen. Die vorbereiteten Zutaten darin kräftig unter Rühren andünsten. Möhren-, Orangensaft und Brühe hinzugießen, mit Salz würzen.

4. Die Zutaten zum Kochen bringen und etwa 20 Minuten ohne Deckel kochen lassen.

5. Meerrettich schälen, abspülen und abtropfen lassen. Schnittlauch abspülen, trocken tupfen und in Röllchen schneiden. Backobst klein würfeln.

6. Die Baconscheiben nebeneinander in einer erwärmten Pfanne von beiden Seiten knusprig ausbraten und auf Küchenpapier abtropfen lassen.

7. Die Suppe fein pürieren und anschließend durch ein feines Sieb in einen Topf gießen. Die Rückstände im Sieb gut ausdrücken. Orangen- und Zitronenschale unterrühren. Die Suppe evtl. nochmals mit Salz abschmecken.

8. Die Suppe ein weiteres Mal erhitzen. Backobstwürfel hineingeben. Die Suppe anrichten. Meerrettich darüberreiben und die Suppe mit Schnittlauchröllchen bestreuen. Baconscheiben dazureichen.

TIPPS:

Nicht zu große Süßkartoffeln verwenden. Diese sind häufig faserig und die Suppe muss dann passiert werden.
Für noch mehr Würze ausgelassenes Fett vom Baconbraten mit in die Süßkartoffelsuppe rühren.

TAFELSPITZTOPF

Zubereitungszeit: 20–25 Minuten
Garzeit: etwa 2 Stunden und 25 Minuten

ZUTATEN FÜR 4 PORTIONEN

800 g mageres Rindfleisch aus der Hüfte (Tafelspitz)
Salz
gem. Pfeffer
4 Möhren (etwa 350 g)
1 Stck. Petersilienwurzel oder 1 kleines Bund glatte Petersilie
½ Kopf Wirsing (etwa 250 g)
400 g festkochende Kartoffeln
2 Bund Schnittlauch
500 ml Fleischbrühe

ZUSÄTZLICH:

Römertopf® (3-Liter-Inhalt)

PRO PORTION:

E: 47 g, F: 5 g, Kh: 18 g, kcal: 314

1. Rindfleisch mit Küchenpapier trocken tupfen. Mit Salz und Pfeffer würzen.

2. Die Möhren putzen, schälen, abspülen, abtropfen lassen und in Scheiben schneiden. Petersilienwurzel schälen und in Scheiben schneiden oder die glatte Petersilie abspülen und trocken tupfen. Die Blättchen von den Stängeln zupfen. Vom Wirsing die groben, äußeren Blätter entfernen. Wirsing halbieren und den Strunk herausschneiden. Wirsingviertel abspülen, abtropfen lassen und in grobe Würfel schneiden.

3. Kartoffeln waschen, schälen, abspülen, abtropfen lassen und in Würfel schneiden.

4. Schnittlauch abspülen und trocken tupfen. Einige Halme zum Garnieren beiseitelegen. Den restlichen Schnittlauch in etwa 3 cm lange Stücke schneiden.

5. Die vorbereiteten Gemüsezutaten in einer Schüssel mischen, mit Salz und Pfeffer würzen. In den gewässerten Römertopf® geben und gleichzeitig eine Vertiefung hineindrücken. Das Rindfleisch in die Vertiefung legen, die Brühe hinzugießen.

6. Den Römertopf® mit dem Deckel verschließen und auf dem Rost in den kalten Backofen (untere Einschubleiste) schieben.
Ober-/Unterhitze: etwa 200 °C
Heißluft: etwa 180 °C
Tafelspitztopf **etwa 2 Stunden und 25 Minuten garen.**

7. Tafelspitztopf mit den beiseitegelegten Schnittlauchhalmen garnieren.

TAGINE (ARABISCHER EINTOPF)

Zubereitungszeit: 45 Minuten
Garzeit: etwa 60 Minuten

ZUTATEN FÜR 6–8 PORTIONEN

1 Lammkeule (ohne Knochen, etwa 1 kg)
1 ausgelöstes Huhn (Fleischmenge etwa 800 g)
2 Bund Möhren
8 große Tomaten
2 Zwiebeln
2 Knoblauchzehen
2–3 EL Speiseöl
Salz
2 TL Paprikapulver rosenscharf
1 Msp. gem. Safran
1 ½ l Hühnerbrühe
1 Gewürzbeutel (10 Pfefferkörner, 2 Gewürznelken, 1 Zimtstange, 1 TL Fenchelsamen)
8 Artischockenböden (aus dem Glas)
600 g Kichererbsen (aus der Dose)

PRO PORTION:

E: 62 g, F: 24 g, Kh: 25 g, kcal: 568

1. Lammkeule und Hühnerfleisch mit Küchenpapier abtupfen und in etwa 30 g schwere Stücke schneiden. Die Möhren putzen, schälen, abspülen, abtropfen lassen und in Würfel schneiden. Die Tomaten waschen, abtropfen lassen, halbieren und die Stängelansätze herausschneiden. Tomatenhälften grob zerkleinern. Zwiebeln und Knoblauch abziehen. Zwiebeln in kleine Würfel schneiden. Knoblauch durch eine Knoblauchpresse drücken.

2. Speiseöl in einem Topf erhitzen. Die Fleischstücke mit Salz bestreuen und in dem Speiseöl von allen Seiten anbraten. Die Möhren-, Zwiebelwürfel und Knoblauch hinzufügen. Mit Paprika und Safran bestäuben. kurz mit andünsten. Hühnerbrühe hinzugießen. Tomatenwürfel und Gewürzbeutel hinzugeben. Die Zutaten zum Kochen bringen und zugedeckt etwa 30 Minuten bei mittlerer Hitze garen.

3. Die Artischockenböden in ein Sieb geben, mit kaltem Wasser abspülen, abtropfen lassen und halbieren. Die Kichererbsen in einem Sieb abtropfen lassen. Die Artischockenbodenhälften und Kichererbsen in den Eintopf geben. Wieder zum Kochen bringen und zugedeckt weitere etwa 30 Minuten garen, bis das Lammfleisch weich ist. Den Gewürzbeutel entfernen. Tagine mit den Gewürzen abschmecken.

BEILAGE:

Reis.

TAHINI-LINSENCREMESUPPE

- Zubereitungszeit: 25 Minuten
  Trockenzeit: 40–60 Minuten
  Garzeit: etwa 60 Minuten
- + Vegetarisch

ZUTATEN FÜR 4 PORTIONEN

FÜR DIE GEMÜSECHIPS:

1 Stück Wurzelgemüse nach Saison und Geschmack, z. B. rote Bete, Möhren, Süßkartoffel, Pastinake (etwa 180 g)
2 EL Olivenöl
½ TL gem. Kreuzkümmel (Cumin)
Salz

FÜR DIE SUPPE:

130 g geschälte rote Linsen
1 kleines Bund Suppengrün (Möhre, Sellerie, Lauch)
1 Zwiebel
2 Knoblauchzehen
2 EL Speiseöl
Salz
gem. Pfeffer
gem. Kreuzkümmel (Cumin)
2 Lorbeerblätter
3 Gewürznelken
3 Pimentkörner
800 ml Gemüsebrühe
400 g stückige Tomaten (aus der Dose)
1–2 EL Tahini (Sesampaste aus dem Glas)
3–5 EL Zitronensaft

400 g Sahnejoghurt, z. B. türkischer Joghurt
etwa 2 TL Schwarzkümmelsamen
evtl. Fladenbrot

PRO PORTION:

E: 17 g, F: 27 g, Kh: 33 g, kcal: 460

1. Für die Gemüsechips den Backofen vorheizen.
Heißluft: etwa 120 °C
Ober-/Unterhitze: weniger geeignet

2. Wurzelgemüse nach Wahl putzen, schälen, abspülen und abtropfen lassen. Je nach Größe halbieren und mit der Küchenmaschine, dem Gemüsehobel oder Sparschäler in hauchfeine Scheiben hobeln. Olivenöl mit Kreuzkümmel und Salz verrühren, die Gemüsescheiben vorsichtig untermischen. Gemüsescheiben auf 1–2 Backbleche (mit Backpapier belegt) verteilen.

3. Die Backbleche mit Abstand zueinander in den vorgeheizten Backofen schieben. Die Gemüsescheiben **40–60 Minuten kross trocknen** (je nach Dicke der Scheiben und Wassergehalt des Gemüses). Zwischendurch einmal wenden und die Backbleche in der Einschubhöhe tauschen.

4. Die Gemüsechips mit dem Backpapier von den Backblechen auf Kuchenroste ziehen. Gemüsechips erkalten lassen.

5. Für die Suppe Linsen verlesen, mit kaltem Wasser abspülen und abtropfen lassen. Suppengrün putzen, abspülen, abtropfen lassen und in Stücke schneiden. Zwiebel und Knoblauch abziehen, klein würfeln.

6. Speiseöl in einem Topf erhitzen, Zwiebel- und Knoblauchwürfel darin goldbraun andünsten. Suppengrünstücke hinzugeben und unter Wenden mit anrösten. Mit Salz, Pfeffer und Kreuzkümmel würzen. Lorbeerblätter, Gewürznelken und Piment hinzugeben.

7. Linsen untermischen. Mit Brühe auffüllen, bei schwacher Hitze zum Kochen bringen und etwa 10 Minuten leicht kochen lassen. Sobald die Linsen anfangen zu zerfallen, die stückigen Tomaten hinzugeben, alles gründlich durchrühren und weitere etwa 10 Minuten kochen lassen.

8. Lorbeerblätter, Pimentkörner und Gewürznelken aus dem Suppenfond entfernen. Dann die Suppe mit einem Pürierstab sehr fein pürieren.

Nach Belieben durch ein feines Sieb passieren. Tahini unter die Suppe rühren und unter Rühren schmelzen lassen. Suppe mit Salz, Pfeffer, Kreuzkümmel und Zitronensaft abschmecken.

9. Die Suppe in vorgewärmten Tellern verteilen, den Joghurt glatt rühren und swirlartig in die Suppe rühren. Tahini-Linsencremesuppe mit einigen Gemüsechips und Schwarzkümmel bestreuen, sofort servieren.

10. Restliche Gemüsechips und nach Belieben Fladenbrot getrennt dazureichen.

TERLANER GRAUPENTOPF MIT SÜDTIROLER SPECK

Zubereitungszeit: 30 Minuten
Garzeit: etwa 50 Minuten
▲ Mit Alkohol

ZUTATEN FÜR 4 PORTIONEN

2 Zwiebeln
1 Knoblauchzehe
2 Möhren
4 Stangen Staudensellerie
100 g Wirsingblätter
100 g Südtiroler Bauernspeck
2–3 EL Olivenöl
200 g Perlgraupen
100 ml Terlaner Riesling
2 l Fleischbrühe
Salz
gem. Pfeffer
2 Lorbeerblätter

1 Bund Petersilie

PRO PORTION:

E: 14 g, F: 10 g, Kh: 43 g, kcal: 335

1. Zwiebeln und Knoblauch abziehen. Die Zwiebeln zuerst in Scheiben schneiden, dann in Ringe teilen. Knoblauch durch eine Knoblauchpresse drücken. Die Möhren putzen, schälen, abspülen, abtropfen lassen und in Scheiben schneiden. Sellerie putzen, abspülen, abtropfen lassen und in Würfel schneiden. Kohlblätter abspülen, trocken tupfen und in etwa 2 cm große Quadrate schneiden.

2. Von dem Speck Schwarte und Knorpel abschneiden. Den Speck in feine Scheiben schneiden.

3. Das Olivenöl in einem Topf erhitzen. Die Zwiebelringe und Knoblauch darin andünsten. Die Möhrenscheiben, Selleriewürfel, Kohlstücke und Speckscheiben portionsweise hinzugeben und mit andünsten.

4. Perlgraupen in ein Sieb geben, mit kaltem Wasser abspülen, abtropfen lassen und zu den angedünsteten Gemüsezutaten und Speckscheiben in den Topf geben. Mit Wein ablöschen. Fleischbrühe hinzugießen. Mit Salz und Pfeffer würzen. Lorbeerblätter hinzufügen. Die Zutaten zum Kochen bringen und zugedeckt etwa 50 Minuten bei mittlerer Hitze kochen lassen.

5. Petersilie abspülen und trocken tupfen. Die Blättchen von den Stängeln zupfen. Blättchen grob zerkleinern. Den Graupentopf mit Salz und Pfeffer abschmecken. Lorbeerblätter entfernen.

6. Den Graupentopf mit Petersilie bestreut servieren.

TOMATENSUPPE FRUTTI DI MARE

Zubereitungszeit: 30 Minuten
Garzeit: etwa 15 Minuten

ZUTATEN FÜR 4 PORTIONEN

300 g TK-Frutti di Mare
50 g Mie-Nudeln (asiatische Instant-Nudeln)
1 kg Fleischtomaten
1 Bund Suppengrün (Sellerie, Möhren, Lauch)
3 Frühlingszwiebeln
4 EL Speiseöl
2 EL Tomatenmark
Salz
gem. Pfeffer
gerebeltes Basilikum
500 ml Gemüsebrühe oder Fischfond

einige Basilikumblättchen

PRO PORTION:

E: 17 g, F: 12 g, Kh: 23 g, kcal: 288

1. Frutti di Mare nach Packungsanleitung auftauen lassen.

2. In der Zwischenzeit Mie-Nudeln nach Packungsanleitung zubereiten. Die Nudeln in ein Sieb geben, kurz abspülen und abtropfen lassen.

3. Tomaten abspülen, trocken tupfen, halbieren und die Stängelansätze herausschneiden. Tomaten in Würfel schneiden.

4. Suppengrün putzen, abspülen, abtropfen lassen und in kleine Stücke schneiden. Frühlingszwiebeln putzen, abspülen, abtropfen lassen und ebenfalls klein schneiden.

5. Speiseöl in einem Topf erhitzen. Suppengrün- und Frühlingszwiebelstücke darin unter Rühren andünsten, Tomatenmark unterrühren und kurz mitdünsten lassen. Tomatenwürfel hinzufügen und ebenfalls mit andünsten. Mit Salz, Pfeffer und Basilikum würzen.

6. Brühe oder Fond hinzugießen, zum Kochen bringen und zugedeckt etwa 15 Minuten kochen lassen.

7. In der Zwischenzeit aufgetaute Frutti di Mare in kochendem Wasser etwa 2 Minuten blanchieren, in ein Sieb geben, mit kaltem Wasser abschrecken und abtropfen lassen. Basilikumblättchen abspülen, trocken tupfen und klein schneiden.

8. Die gegarte Suppe mit einem Pürierstab pürieren und mit den Gewürzen kräftig abschmecken.

9. Frutti di Mare und Nudeln in die Suppe geben, nochmals erhitzen und mit den Gewürzen abschmecken.

10. Die Tomatensuppe mit Basilikum bestreut servieren.

TOMATENSUPPE MIT MOZZARELLA-KUGELN

Zubereitungszeit: 25 Minuten
Garzeit: etwa 20 Minuten
+ Vegetarisch

ZUTATEN FÜR 4 PORTIONEN

1 kg große Tomaten, z. B. Fleischtomaten
1 Zwiebel
1 Knoblauchzehe
2 EL Olivenöl
375 ml Gemüsebrühe
1 Prise Zucker
Salz
gem. Pfeffer
¼ TL Cayennepfeffer
1 Lorbeerblatt
½ TL gerebelter Oregano

150 g Mini-Mozzarella-Kugeln
evtl. einige Basilikumblättchen

PRO PORTION:

E: 9 g, F: 14 g, Kh: 9 g, kcal: 194

1. Tomaten abspülen, trocken tupfen, vierteln, die Stängelansätze herausschneiden. Tomaten in Stücke schneiden.

2. Zwiebel und Knoblauch abziehen. Zwiebel fein würfeln. Knoblauchzehe zerdrücken oder ebenfalls fein würfeln.

3. Das Olivenöl in dem Topf erhitzen. Zwiebelwürfel und Knoblauch darin unter Rühren andünsten. Die Tomatenstücke hinzufügen und etwa 5 Minuten unter Rühren mit andünsten.

4. Gemüsebrühe, Zucker, Salz, Pfeffer, Cayennepfeffer, Lorbeerblatt und Oregano hinzufügen, alles zum Kochen bringen und etwa 15 Minuten bei schwacher Hitze mit Deckel köcheln lassen. Dann das Lorbeerblatt herausnehmen.

5. Die Suppe mit dem Pürierstab pürieren, nochmals aufkochen lassen und mit den Gewürzen abschmecken.

6. Die Mini-Mozzarella-Kugeln abtropfen lassen. Basilikumblättchen abspülen und trocken tupfen. Die Suppe mit den Mozzarella-Kugeln und den Basilikumblättchen anrichten.

TIPPS:

Soll die Suppe besonders fein werden, die Suppe nicht pürieren, sondern mit einem Mixer und dem dazugehörigen Passierstab oder dem Löffelrücken eines Esslöffels durch ein feines Sieb streichen.
Die Suppe mit etwas Basilikumpesto verfeinern.
Die Suppe lässt sich auch gut zur Tomatensauce (z. B. für Nudelgerichte, für 6–8 Portionen) einkochen. Dafür die Suppe etwa 15 Minuten ohne Deckel bei mittlerer bis großer Hitze einkochen lassen, dabei gelegentlich umrühren.
Die Tomatensuppe ist ohne Mozzarella-Kugeln und Basilikumblättchen gefriergeeignet.

ABWANDLUNG:

Die Suppe mit Käse-Baguette-Scheiben servieren. Dafür 8 Baguettescheiben auf ein mit Backpapier belegtes Backblech legen und mit 80–100 g geriebenem Gratinkäse bestreuen. Das Backblech in den vorgeheizten Backofen schieben. Die Baguette-Scheiben bei Ober-/Unterhitze: etwa 200 °C, Heißluft: etwa 180 °C überbacken, bis der Käse goldbraun ist.

TORTELLINI-SOMMER-POT-AU-FEU

Zubereitungszeit: 25 Minuten
Garzeit: 24–26 Minuten

ZUTATEN FÜR 4 PORTIONEN

250 g frische grüne Bohnenkerne (oder dicke Bohnenkerne oder Erbsen; frisch oder TK)
Salz
2 Zwiebeln
2 Knoblauchzehen
2 EL Olivenöl
1 mittelgroßer Kohlrabi (etwa 400 g)
2 Möhren (etwa 200 g)
400 g Mangold
1,2 l kräftige Gemüsebrühe
gem. Pfeffer

FÜR DIE CROÛTONS:

150 g Weizenbrot
3 EL Olivenöl
75 g frisch ger. junger Parmesan

300 g Tortellini (aus dem Frischepack, nach Geschmack mit Fleisch- oder Käsefüllung)
2–3 EL Pesto (aus dem Glas)

PRO PORTION:

E: 27 g, F: 31 g, Kh: 60 g, kcal: 634

1. Bohnenkerne oder Erbsen in kochendem Salzwasser etwa 6 Minuten vorgaren. Bohnenkerne oder Erbsen in ein Sieb geben, kurz mit kaltem Wasser abschrecken und abtropfen lassen. Die Bohnenkerne aus den Hülsen lösen.

2. Zwiebeln und Knoblauch abziehen, in feine Würfel schneiden. Olivenöl in einem Topf erhitzen. Zwiebel- und Knoblauchwürfel darin bei schwacher Hitze andünsten.

3. Kohlrabi und Möhren putzen, das zarte Kohlrabigrün beiseitelegen. Kohlrabi und Möhren schälen, abspülen, abtropfen lassen und in mundgerechte Stücke schneiden. Mangold putzen und die Staude zerteilen. Blätter und Stiele abspülen und abtropfen lassen. Mangoldblätter von den Stielen trennen. Stiele in etwa 1 cm breite Stücke und die Blätter in Streifen schneiden.

4. In der Zwischenzeit den Backofen vorheizen.
Ober-/Unterhitze: etwa 180 °C
Heißluft: etwa 160 °C

5. Kohlrabi-, Möhrenstücke und Mangoldstiele in den Topf geben und unter Wenden mit andünsten. Mit Brühe ablöschen. Mit Salz und Pfeffer würzen. Die Zutaten zum Kochen bringen und bei schwacher Hitze etwa 10 Minuten kochen lassen.

6. Für die Croûtons Brot in etwa 1 cm große Würfel schneiden, mit Olivenöl mischen, auf einem Backblech (mit Backpapier belegt) verteilen und mit Parmesan bestreuen. Das Backblech in den vorgeheizten Backofen schieben. Die Croûtons **in 10–12 Minuten knusprig und goldbraun rösten.**

7. Mangoldblätterstreifen zum Eintopf in den Topf geben und alles weitere etwa 5 Minuten kochen lassen. Dann Tortellini und Bohnenkerne vorsichtig unterrühren und bei mittlerer Hitze weitere 3–5 Minuten kochen lassen.

8. Die Croûtons zerbröseln. Pot au feu mit Salz und Pfeffer und Pesto abschmecken. In vorgewärmten Tellern oder Suppenschalen verteilen, Croûtons daraufstreuen.

9. Beiseitegelegtes Kohlrabigrün abspülen, trocken tupfen und klein schneiden. Pot au feu mit dem Kohlrabigrün bestreuen und sofort servieren.

TOSKANISCHE FISCHSUPPE

◔ Zubereitungszeit: 60 Minuten
Garzeit: etwa 25 Minuten
▲ Mit Alkohol

ZUTATEN FÜR 4 PORTIONEN

2 Knoblauchzehen
1 Zwiebel
1 kleines Bund Suppengrün
(Sellerie, Möhren, Lauch)
400 g reife Tomaten
4 EL Olivenöl
150 g Calamari, geputzt, abgespült
und in Ringe geschnitten
100 g Babycalamari, geputzt, abgespült
Salz
250 ml trockener Weißwein
1 l Fischfond
gem. Pfeffer

20 frische Venusmuscheln in der Schale
(etwa 50 g Muschelfleisch)
600 g küchenfertige, frische Mittelmeerfischfilets, z. B. 4 Doradenfilets, 4 Rotbarbenfilets,
2 Seebarschfilets
1 Bund glatte Petersilie

PRO PORTION:

E: 41 g, F: 17 g, Kh: 10 g, kcal: 407

1. Knoblauch abziehen und in Scheiben schneiden. Zwiebel abziehen und grob würfeln. Suppengrün putzen, schälen, abspülen, abtropfen lassen und in Würfel schneiden. Tomaten abspülen, trocken tupfen, achteln und die Stängelansätze herausschneiden.

2. Olivenöl in einem breiten, flachen Topf erhitzen. Knoblauchscheiben, Zwiebelwürfel und Calamari darin andünsten. Suppengrünwürfel und Tomatenspalten hinzugeben, mit Salz würzen. Weißwein und Fischfond hinzugießen, zum Kochen bringen und etwa 15 Minuten bei schwacher Hitze kochen lassen. Mit Salz und Pfeffer würzen.

3. In der Zwischenzeit Muscheln in reichlich kaltem Wasser gründlich waschen und einzeln abbürsten, bis sie nicht mehr sandig sind (Muscheln, die sich beim Waschen öffnen, sind ungenießbar). Fischfilets mit Küchenpapier abtupfen. Muscheln und Fischfilets in die Suppe geben, weitere etwa 10 Minuten bei schwacher Hitze leicht kochen lassen (Muscheln, die sich nach dem Garen nicht öffnen, sind ungenießbar).

4. Petersilie abspülen und trocken tupfen. Die Blättchen von den Stängeln zupfen und klein schneiden. Die Suppe in Tellern anrichten, mit Petersilie bestreuen und servieren.

BEILAGE:

Geröstete Weißbrotscheiben.

TSCHECHISCHES BIERFLEISCH

Zubereitungszeit: 45 Minuten
Garzeit: etwa 60 Minuten
▲ Mit Alkohol

ZUTATEN FÜR 6 PORTIONEN

800 g Schweineschulter
Salz, gem. Pfeffer
2 EL Butter
200 g Zwiebeln
2 Knoblauchzehen
1 TL gem. Kümmelsamen
1 TL Paprikapulver edelsüß
200 ml dunkles Bier
2 l Brühe
1 Lorbeerblatt, 2 Gewürznelken
1 dicke Möhre
½ Kopf Weißkohl (etwa 400 g)
4 große, festkochende Kartoffeln
2 Rispen kleine Tomaten (etwa 250 g)
1 Bund glatte Petersilie

PRO PORTION:

E: 32 g, F: 18 g, Kh: 18 g, kcal: 371

1. Schweineschulter mit Küchenpapier trocken tupfen und in etwa 4 cm große Würfel schneiden. Fleischwürfel mit Salz und Pfeffer würzen.

2. Butter in einem Topf zerlassen. Die Fleischwürfel darin von allen Seiten anbraten.

3. Die Zwiebeln abziehen und in kleine Würfel schneiden. Knoblauch abziehen und durch eine Knoblauchpresse drücken.

4. Die Zwiebelwürfel und Knoblauch zu den Fleischwürfeln in den Topf geben und mitdünsten lassen. Mit Kümmel und Paprika bestreuen. Mit Bier ablöschen.

5. Brühe hinzugießen. Die Zutaten zum Kochen bringen. Mit Salz und Pfeffer würzen. Die Fleischwürfel zugedeckt etwa 30 Minuten bei schwacher Hitze leicht kochen lassen. Lorbeerblatt und Nelken hinzugeben.

6. Möhre putzen, schälen, abspülen, abtropfen lassen und in 2 cm große Würfel schneiden. Von dem Weißkohl die äußeren Blätter entfernen. Den Weißkohl halbieren und den Strunk herausschneiden. Die Weißkohlviertel in Streifen schneiden. Kartoffeln waschen, schälen, abspülen, abtropfen lassen und in Würfel schneiden.

7. Möhrenwürfel, Kohlstreifen und Kartoffelwürfel zu den Fleischwürfeln in den Topf geben. Wieder zum Kochen bringen. Den Eintopf zugedeckt weitere etwa 30 Minuten bei schwacher Hitze kochen lassen.

8. Tomaten waschen, abtropfen lassen, halbieren und die Stängelansätze herausschneiden. Tomatenhälften in Würfel schneiden, zum Bierfleisch geben und miterhitzen.

9. Petersilie abspülen und trocken tupfen. Die Blättchen von den Stängeln zupfen. Blättchen klein schneiden. Das Bierfleisch mit Petersilie bestreut servieren.

BEILAGE:

Rustikales Landbrot.

WAN-TAN-SUPPE

Zubereitungszeit: 50 Minuten
Garzeit: etwa 5 Minuten

ZUTATEN FÜR 4 PORTIONEN

FÜR DIE FÜLLUNG:

200 g gut gekühltes Hähnchenfilet oder ausgelöstes Hähnchenschenkel-Fleisch (ohne Haut und Knochen)
1 Ei (Größe M)
20 g Wasserkastanien (aus der Dose)
20 g fein geschnittene Möhre
20 g sehr klein geschnittene Frühlingszwiebeln
Salz
gem. Pfeffer
4 TL Sesamöl
2 EL Weizenmehl
1 TL fein geschnittene Ingwerwurzel
100 g Spinat oder Chinakohlblätter
250 g Champignons

20 Wan-Tan-Teighüllen (frisch oder TK; aus dem Asialaden)
1 l kräftige Hühnerbrühe
4 TL Zucker

PRO PORTION:

E: 32 g, F: 17 g, Kh: 43 g, kcal: 474

1. Für die Füllung das Hähnchenfilet oder die Hähnchenschenkel mit Küchenpapier trocken tupfen, klein schneiden und im Mixer kurz zerkleinern.

2. Die Fleischmasse in eine Rührschüssel geben. Ei, zerkleinerte Wasserkastanien, Möhren-, Frühlingszwiebelstücke, etwa 4 Prisen Salz, etwa 4 Prisen Pfeffer, 2 Teelöffel Sesamöl, Mehl und Ingwer gut unterarbeiten.

3. Spinat- oder Chinakohlblättchen putzen, abspülen, trocken tupfen und in Streifen schneiden. Champignons putzen, mit Küchenpapier abreiben, eventuell abspülen, trocken tupfen und in Scheiben schneiden.

4. Die Wan-Tan-Teighüllen auf einer Arbeitsfläche ausbreiten. Jeweils 1 Teelöffel der Fleischfüllung in die Mitte geben. Anschließend die sich gegenüberliegenden Ecken aufeinanderlegen und fest um die Füllung herum andrücken, sodass die Füllung ganz vom Teig umschlossen ist.

5. 2 Liter Wasser in einem großen Topf zum Kochen bringen. Die Wan-Tans hinzugeben und etwa 5 Minuten köcheln lassen. Die Wan-Tans herausnehmen und in vorgewärmte Suppenschalen geben. Mit Spinat- oder Chinakohlstreifen bestreuen.

6. Brühe mit den Champignonscheiben zum Kochen bringen. Mit Pfeffer, Zucker und Salz abschmecken. Die Hühnerbrühe über die Wan-Tans in die Schalen gießen und mit übrigem Sesamöl abrunden.

TIPPS:

Wer Zeit sparen möchte, verwendet für die Füllung fertig gekauftes Geflügel- oder Schweinehackfleisch.
Die Suppe nach Belieben mit Chiliflocken würzen.

WEISSE-BOHNEN-SUPPE MIT HACKFLEISCH

Zubereitungszeit: 15 Minuten
Garzeit: etwa 30 Minuten

ZUTATEN FÜR 4 PORTIONEN

500 g abgetropfte, weiße Bohnen (aus der Dose)
40 g Speckwürfel (aus dem Kühlregal)
400 g Rindergehacktes
3 Zwiebeln
Salz, gem. Pfeffer, Paprikapulver edelsüß
750 ml Fleischbrühe
800 g Pizzatomaten (aus Dosen)
1 ½ EL Chilisauce
100 g Crème fraîche

PRO PORTION:

E: 35 g, F: 26 g, Kh: 30 g, kcal: 495

1. Bohnen in ein Sieb geben, mit kaltem Wasser abspülen und abtropfen lassen. Die Speckwürfel in einem großen Topf auslassen.

2. Gehacktes hinzugeben und unter Rühren kräftig anbraten. Dabei die Fleischklümpchen mit einer Gabel zerdrücken.

3. Die Zwiebeln abziehen, in kleine Würfel schneiden, zur Hackfleischmasse geben und mit anbraten. Das Ganze mit Salz, Pfeffer und Paprika würzen. Die Brühe hinzugießen.

4. Die Tomaten in der Dose etwas zerkleinern. Die weißen Bohnen und die Tomaten mit der Flüssigkeit in den Topf geben. Die Zutaten zum Kochen bringen. Die Suppe etwa 30 Minuten bei mittlerer Hitze kochen lassen.

5. Die Weiße-Bohnen-Suppe mit Chilisauce abschmecken und in Suppentassen oder -teller füllen. Jeweils 1 Esslöffel Crème fraîche daraufgeben.

TIPPS:

Zur Weißen-Bohnen-Suppe Fladenbrot oder Baguette servieren.
Bereiten Sie die Suppe bereits am Vortag zu. Die erkaltete Suppe zugedeckt in den Kühlschrank stellen. Gut durchgezogen und wieder erwärmt schmeckt sie besonders gut.

WIRSINGEINTOPF

Zubereitungszeit: 30 Minuten
Garzeit: etwa 45 Minuten

ZUTATEN FÜR 4 PORTIONEN

500 g Rind- oder Lammfleisch (aus der Schulter)
2 Zwiebeln
30 g Butterschmalz
Salz
gem. Pfeffer
gem. Kümmel oder Kümmelsamen
750 ml Gemüsebrühe
1 kg Wirsing
375 g mehligkochende Kartoffeln
evtl. 2 EL klein geschnittene Petersilie

PRO PORTION:

E: 33 g, F: 16 g, Kh: 17 g, kcal: 349

1. Das Fleisch mit Küchenpapier abtupfen und in etwa 2 cm große Würfel schneiden. Zwiebeln abziehen, halbieren und in Scheiben schneiden.

2. Butterschmalz in einem großen Topf zerlassen. Die Fleischwürfel darin von allen Seiten leicht anbraten. Zwiebelscheiben hinzufügen und kurz mitandünsten.

3. Die Fleischwürfel mit Salz, Pfeffer und Kümmel würzen. Gemüsebrühe hinzugießen, zum Kochen bringen und zugedeckt etwa 30 Minuten bei mittlerer Hitze kochen.

4. In der Zwischenzeit vom Wirsing die äußeren welken Blätter entfernen. Wirsing vierteln, abspülen, abtropfen lassen und den Strunk herausschneiden. Wirsing in Streifen schneiden.

5. Kartoffeln schälen, abspülen, abtropfen lassen und in Würfel schneiden.

6. Nach Ende der Kochzeit Wirsingstreifen und Kartoffelwürfel hinzufügen und den Eintopf wieder zum Kochen bringen. Den Eintopf zugedeckt in weiteren etwa 15 Minuten fertig garen.

7. Den Eintopf nochmals mit den Gewürzen abschmecken und nach Belieben mit Petersilie bestreut servieren.

TIPPS:

Für 500 g schieres Lammfleisch aus der Schulter benötigt man eine Lammschulter von etwa 900 g (mit Knochen).
Statt mit Wirsing können Sie den Eintopf auch mit Spitzkohl (Garzeit etwa 25 Minuten) oder Chinakohl (Garzeit etwa 20 Minuten) zubereiten.

WONDER POT

Zubereitungszeit: 15 Minuten
Garzeit: etwa 12 Minuten

ZUTATEN FÜR 4 PORTIONEN

40 g abgetropfte, getrocknete Tomatenhälften, in Öl
2 zarte Stangen Lauch (etwa 350 g)
125 g rosé Champignons
1 Knoblauchzehe
1 kleine Zwiebel
225 g gegarte Pasta, z. B. feine Penne, kurze Makkaroni (Garzeit etwa 8 Minuten)
750 ml Gemüsebrühe
200 g Schlagsahne
Salz
gem. Pfeffer
ger. Muskatnuss
100 g abgetropfter Gemüsemais (aus der Dose)
130 g gewürfelter, magerer Räucherschinken

75 g milder Blauschimmelkäse, z. B. Gorgonzola oder Schmelzkäse

PRO PORTION:

E: 26 g, F: 35 g, Kh: 56 g, kcal: 650

1. Von den Tomaten etwa 1 Esslöffel Öl auffangen. Tomaten fein schneiden. Lauch putzen, die Stangen längs halbieren, gründlich waschen, abtropfen lassen und in Streifen schneiden. Champignons putzen, evtl. kurz abspülen, gut trocken tupfen und in Scheiben schneiden. Knoblauch und Zwiebel abziehen, fein würfeln.

2. Das aufgefangene Tomatenöl in einem Topf erhitzen. Knoblauch- und Zwiebelwürfel darin andünsten. Pilzscheiben und Lauchstreifen hinzugeben und unter Wenden etwa 2 Minuten andünsten. Die Nudeln unterrühren. Mit Brühe und Sahne ablöschen. Mit etwas Salz, Pfeffer und Muskat würzen.

3. Die Zutaten bei schwacher Hitze zum Kochen bringen und unter gelegentlichem vorsichtigen Umrühren etwa 6 Minuten leicht kochen lassen.

4. Dann Mais, klein geschnittene Tomaten und Schinkenwürfel untermischen. Alles wieder zum Kochen bringen und weitere 2–3 Minuten bei schwacher Hitze kochen lassen. Nach Belieben noch etwas heiße Brühe hinzugießen.

5. Käse evtl. entrinden und in Würfel schneiden. Die Käsewürfel unter den nicht mehr kochenden Wonder Pot rühren und schmelzen lassen. Wonder Pot nochmals abschmecken und in Tellern anrichten.

TIPPS:

Unschlagbar schnell und einfach ist so ein Pasta-Eintopfgericht, bei dem alle Zutaten inklusive der Nudeln auf einmal in nur einem Topf gegart werden. Wichtig ist es dabei allerdings, bei der Auswahl der Nudelsorte auf die Garzeit zu achten. Eine längere Garzeit als 8 Minuten für die Nudeln ist ungünstig, da sonst die übrigen Zutaten nicht mehr mit leichtem Biss gegart werden können und das Gericht dann etwas zu dicklich, musig geraten könnte.
Für dieses Gericht eignen sich auch Brokkoli-Röschen, feine Wirsingstreifen, Zucchini, Erbsen, grüner Spargel, Tomaten oder Paprika.
Statt Blauschimmelkäse kann auch einfach Schmelzkäse für die Sauce verwendet werden.

WURZEL-EINTOPF MIT FILET

Zubereitungszeit: 30 Minuten
Garzeit: 16–18 Minuten

ZUTATEN FÜR 4 PORTIONEN

2–3 Hähnchenbrustfilets (etwa 600 g)
2 EL Sonnenblumenöl
Salz
gem. Pfeffer
1 Zwiebel
1–1,2 l kräftige Hühner- oder Gemüsebrühe
2 kleine Lorbeerblätter
2 Pimentkörner
2 Gewürznelken
1 kleines Bund junge Möhren mit Grün (etwa 600 g)
1 Petersilienwurzel (möglichst mit Grün, etwa 125 g)
375 g Speiserüben nach Saison, z. B. Mairübchen, Navetten, Pastinaken, Steckrübe
1 Stück Knollensellerie (etwa 250)
2 Stangen Staudensellerie (etwa 100 g)
1 kleines Bund gemischte Kräuter (Thymian, Rosmarin, Dill, Petersilie)
200 g Spätzle

PRO PORTION:

E: 47 g, F: 8 g, Kh: 52 g, kcal: 503

1. Hähnchenbrustfilets mit Küchenpapier abtupfen. Sonnenblumenöl in einem Topf erhitzen. Die Filets darin von allen Seiten goldbraun anbraten. Mit Salz und Pfeffer würzen. Filets aus dem Topf nehmen und zugedeckt beiseitelegen.

2. Zwiebel abziehen und in Spalten schneiden. Zwiebelspalten im verbliebenen Bratfett kräftig anrösten. Brühe hinzugießen und zum Kochen bringen. Lorbeerblätter, Pimentkörner und Gewürznelken hinzugeben.

3. Möhren, Petersilienwurzel, Rüben und Knollensellerie putzen, schälen, abspülen und abtropfen lassen. Stangensellerie putzen, abspülen und abtropfen lassen. Vorbereitetes Gemüse in mundgerechte Stücke schneiden.

4. Kräuter abspülen und trocken tupfen. Thymian, Rosmarin und die Hälfte der Petersilie in den Fond geben. Die Gemüsestücke hinzugeben, wieder zum Kochen bringen und bei schwacher Hitze etwa 10 Minuten kochen lassen.

5. In der Zwischenzeit die Spätzle in kochendem Salzwasser nach Packungsanleitung leicht bissfest kochen, dabei gelegentlich umrühren.

6. Die beiseitegelegten Filets in den Eintopf legen und alles bei schwacher Hitze 6–8 Minuten kochen und gar ziehen lassen.

7. Von der restlichen Petersilie und dem Dill die Blättchen bzw. Spitzen von den Stängeln zupfen. Blättchen und Spitzen klein schneiden.

8. Die gegarten Spätzle in ein Sieb geben, kurz mit heißem Wasser abspülen und gut abtropfen lassen. Den Eintopf mit Salz und Pfeffer abschmecken. Evtl. Lorbeerblätter und die Kräuterstängel herausnehmen.

9. Filets aus dem Eintopf nehmen, in Scheiben schneiden und mit den Spätzle in vorgewärmten Tellern verteilen. Den heißen Eintopf hinzugießen. Mit Petersilie und Dill bestreut sofort servieren.

ZUCCHINI-KOKOS-SUPPE

Zubereitungszeit: 30 Minuten
Garzeit: etwa 5 Minuten
+ Vegetarisch

ZUTATEN FÜR 4 PORTIONEN

3–4 Knoblauchzehen
2 Zwiebeln
800 g Zucchini
2 EL Speiseöl
600 ml Gemüsebrühe
400 ml ungesüßte Kokosmilch (aus der Dose)
100 g Schafskäse
1 Bund Schnittlauch
gem. Zitronengras
Salz, frisch gem. Pfeffer

PRO PORTION:

E: 10 g, F: 28 g, Kh: 8 g, kcal: 317

1. Knoblauch und Zwiebeln abziehen, je klein würfeln. Die Zucchini waschen, abtrocknen und die Enden abschneiden. Zucchini klein würfeln.

2. Jeweils etwas Speiseöl in einem großen Topf erhitzen. Die Knoblauch- und Zwiebelwürfel darin unter gelegentlichem Rühren andünsten. Die Zucchiniwürfel portionsweise hinzugeben, kurz mitdünsten lassen.

3. Gemüsebrühe und Kokosmilch hinzugießen, unter gelegentlichem Rühren zum Kochen bringen und zugedeckt etwa 5 Minuten bei schwacher Hitze kochen lassen.

4. In der Zwischenzeit den Schafkäse in kleine Würfel schneiden. Schnittlauch abspülen, trocken tupfen und in Röllchen schneiden. Schafskäsewürfel, Schnittlauchröllchen und etwas Zitronengras kurz in der Suppe erhitzen.

5. Die Suppe mit Salz, Pfeffer und eventuell Zitronengras pikant abschmecken. Die Suppe in Suppentassen füllen und heiß servieren.

TIPPS:

Zitronengras sollte stets mitgekocht werden. So entfaltet sich das asiatische Gewürz besser. Schafskäse ist meist salzig, deshalb die Suppe vorsichtig mit Salz abschmecken.

REZEPTVARIANTE:

Für eine **Möhrensuppe mit Kokosmilch** (4 Portionen) Zucchini durch die gleiche Menge Möhren ersetzen. Möhren putzen, schälen, abspülen, abtropfen lassen und in kleine Würfel schneiden. Die Suppe wie im Rezept beschrieben weiter zubereiten.

ZWIEBELSUPPE, ÜBERBACKEN

- Zubereitungszeit: 35 Minuten
  Garzeit: 10–15 Minuten
- ✚ Vegetarisch
- ▲ Mit Alkohol

ZUTATEN FÜR 4 PORTIONEN

etwa 600 g Zwiebeln
50 g Butter oder Margarine
850 ml Gemüsebrühe
150 ml Weißwein
Salz
geschroteter, weißer Pfeffer
30 g Butter
8 Scheiben Baguette
50 g ger. Parmesan

PRO PORTION:

E: 9 g, F: 21 g, Kh: 22 g, kcal: 341

1. Zwiebeln abziehen, halbieren und in dünne Streifen schneiden oder hobeln. Butter oder Margarine in einem Topf zerlassen. Die Zwiebelstreifen darin unter Rühren bei mittlerer Hitze andünsten.

2. Gemüsebrühe hinzugießen, zum Kochen bringen und zugedeckt 10–15 Minuten bei mittlerer Hitze gar kochen. Weißwein hinzugießen. Die Suppe mit Salz und Pfeffer würzen.

3. Den Backofengrill vorheizen.

4. Die Butter in einer großen Pfanne zerlassen. Die Baguettescheiben darin von beiden Seiten goldgelb rösten.

5. Die Zwiebelsuppe in große, feuerfeste Suppentassen füllen. Die Baguettescheiben darauf verteilen und mit Parmesan bestreuen.

6. Die Suppentassen auf dem Rost unter den vorgeheizten Backofengrill schieben. Die Suppe kurz überbacken, bis der Käse leicht gebräunt ist.

7. Die Zwiebelsuppe sofort servieren.

TIPPS:

Die Zwiebelsuppe als kleines Gericht servieren. Als Vorspeise reicht die Menge für 6 Portionen. Dann 45 g Butter oder Margarine, 6 Baguettescheiben und 45 g Parmesan verwenden.
Falls Sie keine hitzebeständigen Suppentassen haben, können Sie die Baguettescheiben auch getrennt zubereiten. Dafür die Baguettescheiben auf ein mit Backpapier belegtes Backblech legen und mit Parmesan bestreuen. Das Backblech in den vorgeheizten Backofen schieben. Baguettescheiben bei Ober-/Unterhitze: etwa 220 °C, Heißluft: etwa 200 °C etwa 5 Minuten überbacken. Die Baguettescheiben vor dem Servieren auf die Suppe geben.

REGISTER

VEGETARISCH/VEGAN

SCHNELL & EINFACH ZUBEREITET

INTERNATIONAL

MIT ALKOHOL

MIT FISCH & MEERESFRÜCHTEN

MIT FLEISCH

MIT WILD & GEFLÜGEL

Bei Fragen oder Anregungen wenden Sie sich bitte an folgende Telefonnummer +49(0)89-5482515-0 oder an kontakt@zsverlag.de

Kaiserstraße 14b
D-80801 München

ISBN: 978-3-7670-1675-0
1. Auflage 2018

Projektleitung: Carola Reich
Redaktion: Annette Riesenberg

Rezeptentwicklung und -beratung:
Susanne Raht, Hamburg

Nährwertberechnungen:
Nutri Service, Hennef, Angelika Ilies, Langen

Lektorat: no:vum, Susanne Noll, Hennef

Titelfotos:
Studio Diercks, Hamburg (10), Eising Studio, München (1), Antje Plewinski, Berlin (4)

Foodfotografie:
Barbara Bonisolli, München (S. 204)
Fotostudio Diercks (Thomas Diercks, Kai Boxhammer, Christiane Krüger, Hamburg) (S. 6, 8, 9, 15, 18, 19, 22, 23, 25, 28, 29, 30, 31, 36, 37, 38, 42, 45, 47, 49, 54, 55, 56, 58, 59, 60, 63, 64, 67, 71, 79, 80, 83, 84, 85, 89, 90, 91, 95, 97, 98, 99, 102, 105, 106, 114, 115, 117, 123, 125, 128, 132, 133, 138, 139, 140, 143, 144, 161, 165, 167, 180, 181, 184, 186, 187, 189, 191, 194, 195, 200, 201, 205)
Eising Studio Food Photo & Video, München (S. 5, 21, 52, 70, 86, 87, 109, 119, 120, 156, 178, 197)
Antje Plewinski, Berlin (S. 7, 11, 12, 16, 32, 35, 41, 46, 51, 57, 68, 73, 74, 78, 81, 93, 94, 110, 113, 116, 122, 127, 135, 136, 147, 148, 152, 155, 163, 164, 173, 174, 183, 190, 193, 199, 203, 207, 208, 210, 211)
Axel Struwe, Bielefeld (S. 26, 88, 101, 160)
Winkler Studios, Bremen (S. 76, 82, 131, 151, 159, 166, 169, 170, 177)

Gestaltungskonzept:
seidldesign.com, Wolfgang Seidl, Stuttgart
Satz: MDH Haselhorst, Bielefeld
Titelgestaltung: Büro 18, Friedberg/Bayern
Herstellung: Frank Jansen
Producing: Jan Russok

Druck und Bindung: Optimal media GmbH, Röbel

Kurze Wege schonen die Umwelt
Dieses Buch wurde in Deutschland gedruckt

Die Bücher und E-Books unter der Marke Dr. Oetker Verlag erscheinen als Lizenz in der ZS Verlag GmbH.
redaktion-oetker@zsverlag.de
www.facebook.de/Dr.OetkerVerlag
Die ZS Verlag GmbH ist ein Unternehmen der Edel AG, Hamburg.
www.zsverlag.de
www.facebook.de/zs-verlag